"十二五"职业教育国家规划教材
经全国职业教育教材审定委员会审定
全国高等职业教育护理专业配套教材

（供助产、护理专业用）

护理心理学学习指南与习题集

（内附实训指导）

主　编　王凤荣
副主编　贺　斌　汤雅婷　周　惠
编　者　（按姓氏拼音排序）

白秀云（宁夏师范学院医学院）　　汤雅婷（肇庆医学高等专科学校）
贺　斌（漯河医学高等专科学校）　田云霞（宁夏师范学院医学院）
侯雪艳（沈阳医学院）　　　　　　王凤荣（黑龙江农垦职业学院护理分院）
姜　伟（辽源职业技术学院）　　　于　琪（沈阳医学院）
李艳玲（广州医学院从化学院）　　周　惠（攀枝花学院医学院）

北京大学医学出版社

HULI XINLIXUE XUEXI ZHINAN YU XITIJI (NEIFU SHIXUN ZHIDAO)

图书在版编目（CIP）数据

护理心理学学习指南与习题集（内附实训指导）/ 王凤荣主编. —北京：北京大学医学出版社，2014.8
全国高等职业教育护理专业配套教材
ISBN 978-7-5659-0774-6

Ⅰ. ①护… Ⅱ. ①王… Ⅲ. ①护理学-医学心理学-高等职业教育-教学参考资料　Ⅳ. ①R471

中国版本图书馆 CIP 数据核字（2014）第 005572 号

护理心理学学习指南与习题集（内附实训指导）

主　　编：王凤荣
出版发行：北京大学医学出版社
地　　址：(100191) 北京市海淀区学院路 38 号 北京大学医学部院内
电　　话：发行部 010-82802230；图书邮购 010-82802495
网　　址：http://www.pumpress.com.cn
E-mail：booksale@bjmu.edu.cn
印　　刷：北京地泰德印刷有限公司
经　　销：新华书店
责任编辑：赵　欣　　责任校对：张　雨　　责任印制：张京生
开　　本：787mm×1092mm　1/16　　印张：9.25　　字数：233 千字
版　　次：2014 年 8 月第 1 版　2014 年 8 月第 1 次印刷
书　　号：ISBN 978-7-5659-0774-6
定　　价：21.00 元
版权所有，违者必究
（凡属质量问题请与本社发行部联系退换）

前　言

本书是全国高等职业教育护理专业教材《护理心理学》的配套教材，内容符合主教材突出职业化的特点，进一步体现护理心理学知识的应用，可以作为学生课外自学辅导用书，也可以作为教师教学参考书。

本书以主教材内容为基础，以章为单位，分重点与难点解析、习题、参考答案及解析、实训指导四部分，后附常用量表。

重点与难点解析部分概述每章的重点内容，使学生在有限的时间内，有针对性地掌握重点知识；对难点内容进行较详尽的解释，便于学生理解和掌握。

习题部分选用综合题型，以选择题为主，尤其突出案例题，既满足学生掌握基本概念、基本知识的需求，又培养学生综合分析、解决实际问题的能力。旨在强化巩固知识，培养能力，检测学习效果。选择题中，A_1型题是从每一道题的5个备选答案中选择一个最佳答案；A_2型题的每一道题以小案例出现，要求从5个备选答案中选择一个最佳答案；A_3型题每组题提供一个案例，下设2~4道考题，每题在5个备选答案中选择一个最佳答案。

参考答案及解析部分对习题给出明确的答案，通过自评和互评，使学生在掌握知识的基础上，及时了解自己的学习效果，便于调整和改进学习策略。部分题目附有解析，帮助学生理解并掌握知识，拓宽知识面。

实训指导部分是本配套教材的特色。从实训目的、实训内容和方法、考核评价三个方面来设计。有些实训项目还设有考核评估表，使学生在心理护理实践活动中，不但有目标做引领，还能检测自己的实践效果。此部分内容着重培养学生运用知识解决实际问题的能力，突出了护士职业的实践性。

常用量表可使学生对常用的心理测验工具有更多的了解，并给学生实施个体或临床心理测验提供参考。

本书在编写过程中，得到编者单位领导和北京大学医学出版社的大力支持，在此表示衷心的感谢。由于编者水平有限，加之时间仓促，难免会有疏漏和错误之处，敬请读者批评指正。

王凤荣

目 录

第一章 绪论 ……………………… 1
　重点与难点解析 ……………………… 1
　习题 ……………………………………… 2
　参考答案及解析 ……………………… 6
第二章 心理学基础知识 …………… 8
　重点与难点解析 ……………………… 8
　习题 ……………………………………… 9
　参考答案及解析 …………………… 16
　实训一　气质类型调查 …………… 23
第三章 心理发展与心理保健 …… 27
　重点与难点解析 …………………… 27
　习题 …………………………………… 28
　参考答案及解析 …………………… 31
第四章 心理应激与心身健康 …… 34
　重点与难点解析 …………………… 34
　习题 …………………………………… 36
　参考答案及解析 …………………… 40
　实训二　压力与应对 ……………… 43
第五章 心理评估 …………………… 48
　重点与难点解析 …………………… 48
　习题 …………………………………… 49
　参考答案及解析 …………………… 52
　实训三　收集心理社会资料 …… 55
　实训四　SCL-90 测验 …………… 57
第六章 心理咨询与心理治疗 …… 62
　重点与难点解析 …………………… 62
　习题 …………………………………… 64
　参考答案及解析 …………………… 70
第七章 心理护理 …………………… 74
　重点与难点解析 …………………… 74
　习题 …………………………………… 75
　参考答案及解析 …………………… 79
　实训五　放松训练 ………………… 81
第八章 患者常见心理问题及心理护理 …… 83
　重点与难点解析 …………………… 83
　习题 …………………………………… 84
　参考答案及解析 …………………… 88
　实训六　焦虑情绪的调节 ………… 90
　实训七　恐惧情绪的调节 ………… 92
　实训八　抑郁情绪的调节 ………… 95
　实训九　愤怒情绪的调节 ………… 97
第九章 不同年龄阶段患者的心理护理 …… 101
　重点与难点解析 ………………… 101
　习题 …………………………………… 102
　参考答案及解析 ………………… 106
第十章 临床特殊患者的心理护理 …… 110
　重点与难点解析 ………………… 110
　习题 …………………………………… 114
　参考答案及解析 ………………… 120
　实训十　疼痛评估与控制 ……… 123
　实训十一　临终关怀 …………… 125
第十一章 护士职业心理素质及培养 …… 127
　重点与难点解析 ………………… 127
　习题 …………………………………… 128
　参考答案及解析 ………………… 131
附录 …………………………………… 133
　附录1　艾森克人格问卷（EPQ） …… 133
　附录2　抑郁自评量表（SDS） …… 135
　附录3　焦虑自评量表（SAS） …… 136
　附录4　A 型行为类型评定量表 …… 137
　附录5　生活事件量表（LES） …… 139

第一章 绪 论

重点与难点解析

一、心理学的概念

心理学是研究心理现象及其规律的科学。德国心理学家冯特于 1879 年在德国莱比锡大学创建了世界上第一所心理实验室,成为科学心理学诞生的标志。

二、心理现象

心理现象是心理活动的表现形式,人的心理现象就是心理活动。一般把心理现象分为心理过程和人格这两个统一而不可分割的方面。

$$
\text{心理现象}\begin{cases} \text{心理过程}\begin{cases} \text{认知过程(知):感觉、知觉、记忆、想象、思维、注意} \\ \text{情绪情感过程(情):情绪和情感} \\ \text{意志过程(意):意志} \end{cases} \\ \text{人格(个性)}\begin{cases} \text{人格心理特征:能力、气质、性格} \\ \text{人格倾向性:需要、动机、兴趣、理想、信念、世界观等} \\ \text{自我意识:自我认知、自我体验、自我调控} \end{cases} \end{cases}
$$

心理过程是人的心理活动发生、发展的动态过程,是心理现象中的共性部分;人格是个体心理过程中表现出来的各自不同的特点,是心理现象的差异性部分。二者相互联系,相互制约:一方面,人格通过心理过程而形成和得以表现;另一方面,已形成的人格又可制约心理过程的进行。在实际生活中,人们所表现出来的各种心理现象都是密切联系、相互影响的,具有高度的整合性。

三、心理的实质

心理是脑的功能,脑是心理的器官;心理是人脑对客观现实的主观能动的反映。脑是产生心理的物质载体,客观现实是心理活动的源泉。

四、生物-心理-社会医学模式的主要思想

该模式认为人是生物、心理、社会三方面相互作用的整体,应从生物、心理、社会三方面看待健康和疾病及其相互转化。

五、生物-心理-社会医学模式工作特点

以人的健康为中心;服务对象是所有人;服务区域是医院、社区、家庭;以护理程序为核心的整体护理(评估、诊断、计划、实施、评价);医护人员是多功能的;医护工作的着眼点是人的整体。

六、护理心理学的概念

护理心理学是研究护理对象和护士的心理活动规律、特点，运用心理学理论、方法和技术，解决护理实践中的心理问题，从而实现最佳护理的一门学科。

七、护理心理学的研究对象和内容

1. 研究对象　包括护理对象和护士两大群体，其中护理对象包括患有各种疾病的患者、健康受到威胁的亚健康状态的人和健康人。
2. 研究内容　研究心身交互作用对心身健康的影响；研究患者的心理活动特点；研究评估与干预患者心理活动的理论与技术；研究对健康的维护与促进；研究护士的职业心理素质。

八、护理心理学研究的方法

1. 观察法　指研究者通过感官或借助一定的科学仪器，在一定时间内，有目的、有计划地考查和描述客观对象，以分析其心理活动的方法。有自然观察法和控制观察法两种。
2. 调查法　指通过访谈、问卷等方式收集被调查者的心理活动资料进行分析研究的方法。有访谈法和问卷法两种。
3. 测验法　即心理测验法，是运用标准化的心理测验资料，对心理活动进行测验和评定的方法。
4. 实验法　是有目的、有计划地严格控制或创设条件，主动引起或改变被试者的心理活动，从而进行分析的方法。实验法是科学研究中最严谨的方法，包括自然实验法和实验室实验法。

九、现代护理观

护士应建立以生物-心理-社会医学模式为指导，以护理程序为核心，对护理对象从生物、心理、社会三方面进行整体护理，为人类提供健康保健护理服务的现代护理观。

十、学习护理心理学的意义

适应医学模式的转变；提高整体护理水平和质量；丰富和推动护理实践；评估和干预心理问题；改善护患关系；促进健康教育；有助于完善护士的职业形象。

习　题

一、名词解释

1. 心理学
2. 护理心理学

二、填空题

1. 心理过程包括_____、_____、_____三个方面。

2. 个性包括_____、_____、_____三个方面。
3. 自我意识包括_____、_____、_____三个方面。
4. 心理学的研究方法主要有实验法、_____、_____、_____等方法；其中实验法包括_____和_____。

三、选择题

A₁型题

1. 下列哪项**不属于**心理过程的内容
   A. 思维
   B. 想象
   C. 感觉
   D. 动机
   E. 情绪
2. 心理现象又称为
   A. 心理规律
   B. 心理活动
   C. 心理过程
   D. 个性心理
   E. 心理发展
3. 心理学研究的对象是
   A. 心理过程
   B. 心理现象
   C. 个性心理
   D. 认识过程
   E. 心理规律
4. 心理现象主要包括既有区别又有紧密联系的两个方面，即
   A. 心理过程和意志过程
   B. 心理过程和情绪情感过程
   C. 个性和认识过程
   D. 心理过程和个性
   E. 认识过程和意志过程
5. 个性是通过下列哪一种过程形成并表现出来的
   A. 认识过程
   B. 心理过程
   C. 意志过程
   D. 情绪情感过程
   E. 心理发展过程
6. 在下列心理现象中属于心理过程的内容是
   A. 意识
   B. 信念
   C. 性格
   D. 理想
   E. 情感
7. 人格心理特征的构成成分是
   A. 认识、情感、意志
   B. 感知、记忆、思维
   C. 能力、气质、性格
   D. 情绪、情感
   E. 需要、动机、信念
8. 护理心理学的研究对象**不包括**
   A. 患有各种疾病的患者
   B. 护士
   C. 健康人
   D. 健康受到威胁的亚健康状态的人
   E. 患者家属
9. 护士通过生活护理、治疗护理、巡视病房等对患者心理活动和行为方式进行观察的方法为
   A. 自然观察法
   B. 控制观察法
   C. 自然实验观察法
   D. 调查法
   E. 控制实验观察法
10. 护理心理学的主要研究内容是
    A. 研究心理行为的文化学基础
    B. 研究心理行为的社会学基础
    C. 研究心理行为的宗教信仰基础
    D. 研究心理行为的生物学和社会学基础
    E. 研究心理行为的人类学基础
11. 护理心理学研究各种疾病患者的

A. 特殊的心理行为表现
B. 心理行为变化的一般规律
C. 各种致病因素，尤其是心理社会因素
D. 心理活动的一般规律和特殊的心理行为表现
E. 各种疾病的临床表现

12. 生物-心理-社会医学模式工作特点**不包括**下列哪项
A. 服务区域只限于医院
B. 服务对象是所有人
C. 以护理程序为核心的整体护理
D. 医护人员是多功能的
E. 医护工作的着眼点是人的整体

13. 护理心理学的技术和方法**不包括**
A. 临床心理护理方法
B. 临床心理护理评价
C. 心理治疗技术
D. 心理健康教育
E. 心理保健策略

14. 研究心理现象的生理机制的学科是
A. 普通心理学
B. 神经心理学
C. 生理心理学
D. 医学心理学
E. 社会心理学

15. 医院了解患者对护理工作的满意度一般采取
A. 观察法
B. 访谈法
C. 实验法
D. 测验法
E. 问卷法

A₂型题

1. 王某，男，56岁，因呼吸衰竭住进重症监护病房。现气管切开，靠呼吸机辅助呼吸。观察此患者的情绪和行为反应的方法为
A. 自然观察法
B. 控制观察法
C. 实验观察法
D. 测验观察法
E. 综合观察法

2. 刘阿姨，66岁，患糖尿病15年，因酮症酸中毒入院治疗。其女儿叙述，因父亲突然离去，母亲"急火攻心"而病倒。待其病情稳定后，为了解患者的心理活动及行为反应，下列哪种方法最有效
A. 观察法
B. 访谈法
C. 实验法
D. 测验法
E. 问卷法

3. 小丽，女，24岁，烧伤后四肢、面部瘢痕挛缩，失去了美丽与俊俏的容貌。她对自己的未来失去了信心，变得沉默少语、不愿见人、失眠、体重减轻，医生考虑小丽可能有抑郁反应，用症状评定量表了解小丽的心理行为反应的方法是
A. 观察法
B. 访谈法
C. 实验法
D. 测验法
E. 问卷法

A₃型题

（1～2题共用题干）

世界上第一所心理实验室于1879年创建，标志着心理学从哲学中独立出来，科学心理学从此诞生。

1. 这所实验室是在下列哪个国家创建的
A. 美国
B. 英国
C. 俄国
D. 德国
E. 奥地利

2. 这所实验室是下列哪位学者创建的
A. 艾宾浩斯
B. 冯特

C. 弗洛伊德
　　D. 斯金纳
　　E. 华生

(3~4题共用题干)

张大爷，70岁，因患肺癌准备行肺叶切除术。近1周来，张大爷出现激动、易怒、失眠、注意力不集中现象，自感心悸、头痛、眩晕。手术前的晚上，患者出汗、尿频、辗转反侧难以入眠、血压升高。由于生命体征很不平稳，不得不改期手术。

　3. 从该患者的病情中反映出什么样的医学观点
　　A. 健康就是没有躯体疾病
　　B. 人是生物、心理、社会多因素作用的整体
　　C. 只需从身体的角度考虑健康与疾病问题
　　D. 治疗疾病只需考虑躯体因素就可以了
　　E. 躯体生理内环境的平稳只受躯体因素的影响

　4. 运用量表测量此患者的焦虑程度的研究方法为
　　A. 观察法
　　B. 访谈法
　　C. 实验法
　　D. 测验法
　　E. 问卷法

四、简答题

1. 简述心理的实质。
2. 简述护士应建立的护理观念。

五、案例分析题

【案例1】1920年10月，印度人辛格在丛林中发现了两个由狼哺育的女孩。大的约8岁，小的1岁半左右。当她们被领进孤儿院时，一切生活习惯都同野兽一样。辛格夫妇耐心抚养和教育她们，小的进院不到1年便去世了。大的一直活到17岁，但她直到去世还没真正学会说话，智力只相当于三四岁的孩子。请问：

1. 狼孩为什么没有正常人的心理现象？
2. 17岁的狼孩，为什么智力只相当于三四岁的孩子？

【案例2】刘大爷，76岁，患冠心病8年。7天前偶听大儿子因出事进拘留所，当即突发心肌梗死入院，经抢救脱离危险，近日病情稳定。今早得知其儿当时是误判被拘留，今被释放。老人异常高兴，当即晕倒，再没抢救成功。请问：

1. 刘大爷的病情受哪些因素的影响？
2. 此案例反映了什么样的医学观念？

【案例3】实习护士小刘，刚到医院实习的第二天，护士长安排她了解3病房2号床张大爷对明天手术的想法，并进行心理护理。小刘想：张大爷及其家属已经同意手术，并且在手术单上签了字，张大爷还能有什么想法？我也不知道该怎么进行心理护理，再说也没要求进行记录，这项工作可以不做。请问：

1. 小刘这种想法是否正确？为什么？
2. 你认为学习护理心理学有什么现实意义？

参考答案及解析

一、名词解释

1. 心理学是研究心理现象及其规律的科学。

2. 护理心理学是研究护理对象和护士的心理活动规律、特点，运用心理学理论、方法和技术，解决护理实践中的心理问题，从而实现最佳护理的一门学科。

二、填空题

1. 认知过程　情绪情感过程　意志过程
2. 人格心理特征　人格倾向性　自我意识
3. 自我认知　自我体验　自我调控
4. 观察法　调查法　测验法　自然实验法　实验室实验法

三、选择题

A₁型题

1. D
2. B　解析：心理现象是心理活动的表现形式，人的心理现象就是心理活动。
3. B
4. D
5. B　解析：个性是通过心理过程形成和得以表现的；而已形成的个性特征又可制约心理过程的进行。
6. E　解析：情感属于心理过程；性格属于人格心理特征；信念、理想属于人格倾向性；意识是人所特有的一种对客观现实的高级心理反映形式。
7. C
8. E
9. A
10. D
11. D
12. A　解析：生物-心理-社会医学模式工作特点之一是服务区域为医院、社区、家庭。
13. C　解析：心理治疗技术主要是心理（精神科）医生用以解决精神疾病、心身疾病的心理问题的手段。
14. C
15. E

A₂型题

1. B　解析：控制观察法在预先设计的情景中对个体行为进行直接或间接的观察研究。在重症监护病房环境内，患者气管切开、靠呼吸机辅助呼吸是非自然环境，所以应是控制观察法。

2. B 解析：访谈法通常采用面对面的个体访谈方式，了解被调查者的心理活动，同时观察其访谈时的行为反应。患者病情稳定后，采用访谈法了解其心理活动及行为反应，比其他任何一种方法都有效。

3. D

A₃型题

1. D
2. B
3. B 解析：患者出现了焦虑情绪，影响了生理功能，使血压升高，生命体征不平稳，影响了手术。说明人是生物、心理、社会多因素作用的整体，反映了生物-心理-社会医学模式。
4. D

四、简答题

1. 心理是脑的功能，脑是心理的器官；心理是人脑对客观现实的主观能动的反映。脑是产生心理的物质载体，客观现实是心理活动的源泉。若将心理现象比喻为产品，那么脑为生产产品的机器，而客观现实则为原材料。

2. 护士应建立以生物-心理-社会医学模式为指导，以护理程序为核心，对护理对象从生物、心理、社会三方面进行整体护理，为人类提供健康保健护理服务的现代护理观。

五、案例分析题

【案例1】

1. 心理现象的产生依赖于两个条件：一是大脑作为物质基础，二是客观现实的作用，也就是社会生活实践。狼孩脱离了人类的社会生活环境，自然没有正常人的心理活动。

2. 因为错过了心理发展的关键期。

【案例2】

1. 刘大爷的病情受社会生活事件的影响，即儿子进拘留所和被释放；受心理因素的影响，即强烈的情绪的作用。

2. 反映了生物-心理-社会医学模式。人是生物、心理、社会三方面相互作用的整体，应从生物、心理、社会三方面看待健康和疾病及其相互间的转化。

【案例3】

1. 小刘的想法不正确。因为：

（1）小刘没有从生物、心理、社会三方面整体考虑患者的病情，没有考虑到患者手术前会有心理变化，片面地将护士长所说的想法看成是对手术的意见。

（2）没有认识到心理护理在整体护理中的核心作用。

（3）不具备心理护理的能力和方法。

（4）缺少严肃认真、慎独奉献的职业道德。

2. 学习护理心理学的意义在于：适应医学模式的转变；提高整体护理水平和质量；丰富和推动护理实践；评估和干预心理问题；改善护患关系；促进健康教育；有助于完善护士的职业形象。

（王凤荣）

第二章 心理学基础知识

重点与难点解析

一、感觉和知觉

感觉是人脑对直接作用于感觉器官的客观事物的个别属性的反映。感觉提供了内外环境的信息，保证了机体与环境的信息平衡，是一切较高级、较复杂的心理现象的基础。感觉的特性有感觉适应、感觉后象、感觉对比、联觉、感受性的发展与补偿。

知觉是人脑对直接作用于感觉器官的客观事物整体属性的反映。知觉的特性包括知觉的整体性、知觉的选择性、知觉的恒常性和知觉的理解性。

二、记忆

记忆包括识记、保持、再认或回忆三个基本环节。遗忘的进程是先快后慢。识记后最初一段时间遗忘快，随着时间推移和记忆材料的数量减少，遗忘便渐渐缓慢，最后稳定在一定水平上。记忆的品质包括记忆的敏捷性、记忆的持久性、记忆的正确性和记忆的备用性。

三、思维和注意

思维是人脑对客观事物间接的、概括的反映。间接性和概括性是思维的基本特征。影响问题解决的因素有迁移、原型启发、定势、动机与情绪、个性特征等。思维的基本品质包括思维的深刻性、广阔性、灵活性、独创性、批判性和敏捷性。

注意的品质包括注意广度、注意稳定性、注意转移和注意分配。

四、情绪与情感

人对客观事物是否符合自身需要而产生的态度体验称作情绪与情感。

根据情绪发生的强度、紧张度及持续时间，可以将情绪状态分为心境、激情和应激三种。情绪有适应功能、组织功能、信号功能和调节功能。

在心理健康方面，情绪会影响人的个性发展；影响人的认知与评价；不良人格特征者在负性情绪长期作用下易患心理疾病。在躯体健康方面，情绪会影响机体的免疫力；情绪可治病或致病；可以影响内分泌和神经系统的功能。

调节情绪的方法包括人际调节、认知调节、意识调控、恰当的宣泄、环境调节、放松训练、用表情调节、暂时回避等。

五、意志

意志是有意识地确立目的，调节和支配行动，并通过克服困难和挫折，实现预定目的的心理过程。意志的品质包括意志的自觉性、意志的果断性、意志的坚韧性和意志的自制性。

六、人格概述

人格是指一个人整个的精神面貌，是构成一个人的思想、情感和行为的特有统合模式，这个独特模式包含了一个人区别于他人的稳定而统一的心理品质。

人格的特征有独特性、整体性、稳定性、功能性、自然性和社会性的统一。

人格形成的影响因素有生物因素、环境因素、实践活动和自我教育等。

七、人格心理特征

能力的形成和发展受遗传、环境和教育因素的影响。

气质是表现在心理活动的强度、速度、稳定性与指向性等方面动力性质的心理特征。气质类型分为胆汁质、多血质、黏液质和抑郁质四种。气质无好坏之分，不决定一个人的价值和成就；气质特征能影响工作效率、人的心身健康。

性格是一个人在对现实的稳定的态度和习惯化了的行为方式中表现出来的人格特征。性格的特征包括态度特征、意志特征、情绪特征和理智特征四个组成成分。性格的差异是个体之间人格差异的核心；性格的可塑性较大；性格在社会评价方面有好坏善恶之分。

八、人格倾向性

马斯洛的需要层次理论把人的需要划分为五个层次：生理需要、安全需要、归属和爱的需要、尊重的需要和自我实现的需要。这五个层次是由低到高逐级形成并逐级得以满足的。

动机冲突分为双趋式冲突、双避式冲突、趋避式冲突和双（多）重趋避式冲突四种。

九、自我意识

自我意识是人对自己以及对自己与他人的关系的认识。自我意识由自我认知、自我体验和自我调控三种心理成分构成。

习 题

一、名词解释

1. 感觉
2. 思维
3. 情绪与情感
4. 人格
5. 气质
6. 性格
7. 自我意识

二、填空题

1. "入芝兰之室，久而不闻其香"说明了感觉的_____。
2. 当知觉的条件在一定范围内变化时，知觉的映象仍然保持相对不变，这就是_____。

3. 从现实生活的事例中受到启发而找到解决问题的方法称为_____。
4. 思维的基本特征是_____和_____。
5. 司机一边开车一边注意路况是_____。
6. 人的情绪反应常常会伴随着一定的_____和_____。
7. "锲而不舍，金石可镂"是意志_____的表现。
8. "人心不同，各如其面"这句俗语为人格的_____做了很好的诠释。
9. 经历过的事物不能回忆，但它再度出现时能够确认称为_____。
10. 13放在阿拉伯数字12、14中间，你会把它读为数字13；如果把它放在英文字母A、C中间，则会把它读为英文字母B，反映了_____。
11. 一个人在长时间地注意一个对象的过程中，感受性也会发生周期性地增强和减弱的变化现象，这种现象称为_____。
12. 强、平衡、不灵活的神经活动过程特点相对应的气质类型是_____。
13. 爆发性的、短暂的、比较猛烈的情绪状态称为_____。
14. 识记、保持、_____是记忆的三个基本过程。
15. 对识记的内容不能再认与回忆称为_____。
16. "风声鹤唳，草木皆兵"属于心理现象中的_____。
17. 能够把知识经验长时间地保留在头脑中是记忆_____良好的表现。
18. 存钱怕货币贬值带来损失，花钱又没值得买的东西。或者忍受货币贬值给自己带来的损失，或者花钱买没用的东西，选择哪个损失会小一些？难以做出抉择的矛盾心情是动机冲突中的_____。
19. 一个人对自己以及对自己与他人的关系的认识称为_____。
20. 想考好学校又怕报名的人太多、竞争太激烈考不上的矛盾心理是动机冲突中的_____。

三、选择题

A₁型题

1. 由于刺激对感受器的持续作用使感受性发生变化的现象称为
   A. 感觉适应
   B. 感觉后象
   C. 感觉对比
   D. 联觉
   E. 感受性的发展与补偿

2. 认知过程包括
   A. 感觉、知觉、记忆、兴趣、思维
   B. 知觉、记忆、注意、需要、思维
   C. 感觉、记忆、思维、想象、动机
   D. 感觉、知觉、注意、记忆、思维
   E. 感觉、知觉、记忆、信念、思维

3. 短时记忆保持的时间是
   A. 0.25～2s
   B. 1min以内
   C. 2.5～5s
   D. 1min以上
   E. 0.25～5s

4. 经历过的事物不出现时能在头脑中重现称为
   A. 识记
   B. 保持
   C. 回忆
   D. 再认
   E. 记忆

5. 在人们的创造过程中起重要作用的心

理活动是

A. 无意想象

B. 再造想象

C. 幻想

D. 有意想象

E. 创造想象

6. 从信息加工的观点看，下列哪项是人脑对输入的信息进行编码、存储和提取的过程

A. 识记

B. 记忆

C. 再认

D. 再现

E. 保持

7. 沿着不同的途径寻求多样性答案的展开性思维称作

A. 辐合思维

B. 动作思维

C. 再造性思维

D. 发散思维

E. 创造性思维

8. 注意的两个特征是

A. 广阔性与集中性

B. 指向性与稳定性

C. 稳定性与集中性

D. 指向性与集中性

E. 广阔性与稳定性

9. 上课时忽然有人推门进来，这种突然出现的刺激能立刻引起

A. 有意注意

B. 注意分配

C. 注意转移

D. 无意注意

E. 有意后注意

10. 司机开车时手、眼、脚协调并用，这是

A. 注意的稳定性

B. 注意的起伏

C. 注意的分配

D. 注意的分散

E. 注意的转移

11. 在考试中采用概念型选择题，从记忆角度看，是测验学生对知识的

A. 识记

B. 迁移

C. 再认

D. 保持

E. 回忆

12. 提笔忘字，这种现象是

A. 永久性遗忘

B. 暂时性遗忘

C. 不完全遗忘

D. 完全遗忘

E. 遗忘

13. 想象是人对头脑中的下列哪项进行加工改造，创造出新形象的心理过程

A. 知觉映象

B. 联想

C. 表象

D. 思维结果

E. 幻想

14. 小说中描述的人物和情境，对于作家来说他进行的是

A. 创造想象

B. 再造想象

C. 幻想

D. 有意想象

E. 创造性思维

15. 人们借助于一定的媒介和知识经验对客观事物进行的反映，是思维的

A. 间接性

B. 概括性

C. 抽象性

D. 逻辑性

E. 创造性

16. 以下哪项内容的容量是无限的

A. 瞬时记忆

B. 感觉记忆

C. 短时记忆

D. 长时记忆

E. 操作记忆

17. 较之情感，情绪具有下列哪项特点
    A. 短暂而深刻
    B. 短暂而稳定
    C. 短暂而强烈
    D. 持久而强烈
    E. 持久而微弱

18. 散文《荷塘月色》中"淡淡的喜悦与淡淡的哀愁"体现的是情绪状态中的
    A. 心境
    B. 应激
    C. 激情
    D. 情感
    E. 唤醒

19. 人的好奇心、求知欲和认知的兴趣等都属于情感中的
    A. 美感
    B. 道德感
    C. 责任感
    D. 理智感
    E. 使命感

20. 下述内容**不属于**意志品质的是
    A. 意志的独立性
    B. 意志的自制性
    C. 意志的坚韧性
    D. 意志的果断性
    E. 意志的自觉性

21. 多血质气质类型神经活动过程的基本特征是
    A. 强、平衡、不灵活
    B. 强、不平衡、不灵活
    C. 弱、不灵活
    D. 强、平衡、灵活
    E. 强、不平衡

22. 从需要的角度看，人的情感主要是与下列哪项内容相联系的
    A. 生理需要
    B. 机体需要
    C. 社会需要
    D. 安全需要
    E. 自然需要

23. 绿草地在夜间看上去黑黢黢的，但我们仍然把草地知觉为绿色，这是知觉的什么特性
    A. 整体性
    B. 适应性
    C. 选择性
    D. 理解性
    E. 恒常性

24. 自我意识的认知方面**不包括**
    A. 自我感觉
    B. 自我监督
    C. 自我分析
    D. 自我观察
    E. 自我评价

25. 在马斯洛的需要层次理论中，社交的需要属于
    A. 生理的需要
    B. 归属与爱的需要
    C. 自我实现的需要
    D. 尊重的需要
    E. 安全的需要

26. 顺利完成某种活动所必须具备的心理条件是
    A. 能力
    B. 才能
    C. 天才
    D. 智力
    E. 创造力

27. 巴甫洛夫通过实验研究提出了
    A. 操作性条件反射学说
    B. 高级神经活动学说
    C. 需要层次说
    D. 大脑两半球功能不对称学说
    E. 精神分析学说

28. 下列哪种现象属于联觉
    A. 电灯灭了，眼前还有亮着的灯泡的形状

B. 绿叶陪衬下的红花看起来更红了
C. 吃完苦药后再吃糖觉得糖更甜
D. 入鲍鱼之肆，久而不闻其臭
E. 红色看起来觉得温暖

29. 马斯洛将人的需要分为五个层次，由低级到高级依次为
    A. 生理需要、安全需要、归属和爱的需要、尊重的需要、自我实现的需要
    B. 安全需要、生理需要、自我实现的需要、归属和爱的需要、尊重的需要
    C. 归属和爱的需要、自我实现的需要、安全需要、尊重的需要、生理需要
    D. 尊重的需要、生理需要、安全需要、自我实现的需要、归属和爱的需要
    E. 自我实现的需要、生理需要、尊重的需要、归属和爱的需要、安全需要

30. 勤奋、懒惰、谦虚、骄傲，这些反映的是什么特征
    A. 能力
    B. 气质
    C. 性格
    D. 情感
    E. 动机

31. 人对客观事物产生情感体验的中介是
    A. 动机
    B. 需要
    C. 目的
    D. 兴趣
    E. 理想

32. 优柔寡断和草率决定都是缺乏意志的哪一特性的表现
    A. 自觉性
    B. 坚持性
    C. 自制性
    D. 坚韧性
    E. 果断性

33. "江山易改，禀性难移"这句话说明了
    A. 人格的稳定性
    B. 性格的社会性
    C. 能力的先天性
    D. 意志的薄弱性
    E. 人格的独特性

34. "月晕而风，础润而雨"主要体现了思维的
    A. 概括性
    B. 间接性
    C. 直接性
    D. 灵活性
    E. 指向性

35. 教师用红笔批改作业，这是运用了知觉的
    A. 整体性
    B. 理解性
    C. 选择性
    D. 恒常性
    E. 适应性

36. 人们读武侠小说时，头脑中总会出现打斗的场面，这种心理过程称为
    A. 无意想象
    B. 幻想
    C. 再造想象
    D. 创造想象
    E. 有意想象

37. 教师上课边讲授边写板书，边观察学生的反应。这种现象符合注意的
    A. 分配
    B. 稳定性
    C. 范围
    D. 转移
    E. 广度

38. 小学生刚学完汉语拼音容易对英语字母的学习造成干扰，这种现象称为

A. 正迁移
B. 负迁移
C. 原型启发
D. 定势
E. 固着

39. 舞蹈演员能娴熟地将一系列动作非常连贯地完成，从记忆的内容分类上属于
    A. 形象记忆
    B. 情景记忆
    C. 情绪记忆
    D. 逻辑记忆
    E. 动作记忆

40. "忧者见之则忧，喜者见之则喜"，这是什么状态
    A. 热情
    B. 激情
    C. 心境
    D. 应激
    E. 情绪

41. 办事见异思迁、虎头蛇尾的人，是其意志活动哪一方面缺乏的表现
    A. 自觉性
    B. 果断性
    C. 坚韧性
    D. 自制性
    E. 独立性

42. 医务人员称呼患者的姓名，而避免叫床号，这是为了满足患者的
    A. 被认识接纳的需要
    B. 被关心尊重的需要
    C. 获取信息的需要
    D. 安全的需要
    E. 早日康复的需要

A₂型题

1. 2010年世界杯足球赛在6月初到7月中旬举行，而这段时间又恰恰是学校期末复习考试时间。小魏既想观看高水平的球赛，又不想影响考试。这样的冲突就会产生看与不看的焦虑，他的这种矛盾心情就是
   A. 双趋式冲突
   B. 双避式冲突
   C. 趋避式冲突
   D. 双重趋避式冲突
   E. 潜意识冲突

2. 演员小王刚遇到了不愉快的事情，但上台演喜剧时仍能谈笑风生，反映了以下哪项意志品质
   A. 果断性
   B. 坚韧性
   C. 自制性
   D. 自觉性
   E. 理智性

3. 小赵很喜欢旅游，但又害怕耗费时间、精力和钱财，为此她犹豫不决。这种矛盾心情是
   A. 双趋式冲突
   B. 双避式冲突
   C. 趋避式冲突
   D. 双重趋避式冲突
   E. 动机冲突

4. 春节将至，火车票紧张，小李想除夕到家，但火车票很贵；如果避开高峰期，火车票不涨价，但回家的日期就不如意了。反复权衡拿不定主意时他体验到的冲突是
   A. 双趋式冲突
   B. 双避式冲突
   C. 趋避式冲突
   D. 双重趋避式冲突
   E. 矛盾冲突

5. 实验人员将一只最凶猛的鲨鱼和一群热带鱼放在同一个池子中，然后用强化玻璃隔开。最初，鲨鱼想吃掉那些斑斓的美味，不断冲撞玻璃，弄得伤痕累累，无数次失败之后，鲨鱼放弃了，只吃自己这一侧池子里投放的鲫鱼。然后，实验人员将玻璃取走，但鲨鱼只是在自己这一侧池子里游动，

它不但对那些热带鱼视若无睹，甚至当那些鲫鱼逃到那边去时，它都立刻放弃追逐。这是什么作用

A. 原型启发
B. 正迁移
C. 负迁移
D. 本能
E. 定势

6. 王某，女，45岁，躺在牙科治疗床上准备接受治疗，看到医生拿起高速牙科手机，顿感手心出汗、脉搏加快、四肢发软，这种情绪是

A. 激情
B. 应激
C. 抑郁
D. 悲哀
E. 兴奋

7. 初中某班有一名女同学，在集体中不合群，大家做游戏时，她独坐一旁；平时动作迟缓，不敢大声说话，人多场合更甚；她爱好不多，一旦形成，很难改变；她感情内向，好哭、胆小；她很听话，不违反纪律。该生属于以下哪种气质类型

A. 多血质
B. 胆汁质
C. 黏液质
D. 抑郁质
E. 神经质

8. 汽车正在行驶中，一名儿童突然冲向马路，司机急刹车。儿童在车前半米处跑过。这时司机顿感心搏加快、头上冒汗、手脚无力。这种情绪状态是

A. 心境
B. 激情
C. 情感
D. 应激
E. 情操

9. 《红楼梦》中的林黛玉，敏感多疑，观察事物细致，情感体验深刻持久且不外露。其神经活动类型和气质类型分别是

A. 兴奋型，多血质
B. 安静型，抑郁质
C. 活泼型，多血质
D. 抑制型，抑郁质
E. 安静型，多血质

四、简答题

1. 感觉的意义有哪些？
2. 遗忘的进程是怎样的？据此，应如何复习才能提高学习效率？
3. 记忆的品质有哪些？
4. 影响问题解决的因素有哪些？
5. 思维的基本品质有哪些？
6. 情绪有什么功能？
7. 情绪与健康有什么关系？
8. 调节情绪的方法有哪些？
9. 意志有哪些品质？
10. 人格有哪些特征？
11. 人格的形成受哪些因素的影响？
12. 能力的形成和发展受哪些因素的影响？
13. 气质有哪些意义？
14. 性格有哪些特征？

15. 性格有哪些意义?
16. 简述马斯洛的需要层次理论。
17. 自我意识的构成成分有哪些?

五、案例分析题

【案例1】小刘,女,19岁。高中三年级上学期车祸使小腿骨折,在医院中她忍痛坚持学习。在高考的数学考场上,当遇到一道立体几何题时,刚一看题目就觉得不会做,她便大脑一片空白,全身出汗,心慌手抖。原来立体几何是她的弱项,就怕考试时遇到这种类型的题目。此时,小刘告诉自己:别慌,镇静。她放下笔,微闭双目,做均匀、缓慢的呼吸,回想复习时做此类型题成功的例子。她又告诉自己:别怕,老师说了,高考大部分题都是基础知识,说不定能做出来呢。接下来,她再仔细审题,很快理清思路解完此题。请问:

1. 本文描述了小刘哪些心理现象?
2. 小刘在考场上出现了什么样的情绪反应?她是如何调节的?
3. 什么使她能在医院带病坚持学习?

【案例2】老张自幼双目失明,终生未娶。32岁那年的一个夏日,他路过一片树林时,闻到一股特殊的气味,他沿着气味的方向走去,一会儿他就闻不到这种气味了,却听到了极其微弱的婴儿的哭声,他顺着哭声摸到一个包在襁褓里的婴儿,全身很凉,还有一个包着各种香草的荷包。老张等了一阵也没人前来,就将婴儿抱回了家,成了孩子的养父。人们每次问孩子:"漂亮衣服是谁做的?"孩子都说是爸爸做的。人们在诧异之中解开了老张做衣之谜——他用舌尖穿针引线。请问:

1. 此案例的描述中体现了哪些心理现象?
2. 此案例的描述中体现了感觉特性的哪几个方面?

【案例3】有一个男孩有着很坏的脾气,他父亲告诉他,每当他发脾气的时候就钉一根钉子在后院的围篱上。第一天,他钉下了37根钉子。慢慢地他每天钉钉子的数量减少了,终于有一天他再也不乱发脾气了。他父亲又告诉他,从现在开始每当他能控制自己的脾气的时候,就拔出一根钉子。时间一天天过去,他终于把所有钉子都拔出来了。父亲带他到后院说:"你做得很好,我的好孩子。但是看看那些围篱上的洞,这些围篱将永远不能回复成从前的样子。你生气的时候说的话将像这些钉子一样会留下疤痕。如果你拿刀子捅别人一刀,不管你说了多少次对不起,那个伤口将永远存在。话语带来的伤痛就像真实的伤痛一样令人无法承受。"请问:

这个案例给我们带来了哪些启示?

参考答案及解析

一、名词解释

1. 感觉是人脑对直接作用于感觉器官的客观事物个别属性的反映。
2. 思维是人脑对客观事物间接的、概括的反映。
3. 情绪与情感是人对客观事物是否符合自身需要而产生的态度体验。
4. 人格是指一个人整个的精神面貌,是构成一个人的思想、情感和行为的特有统合模式,这个独特模式包含了一个人区别于他人的稳定而统一的心理品质。

5. 气质是表现在心理活动的强度、速度、稳定性与指向性等方面动力性质的心理特征。

6. 性格是一个人在对现实的稳定的态度和习惯化了的行为方式中表现出来的人格特征。

7. 自我意识是人对自己以及对自己与他人的关系的认识。

二、填空题

1. 适应性
2. 知觉的恒常性
3. 原型启发
4. 间接性　概括性
5. 注意的分配
6. 生理唤醒　外部行为
7. 坚韧性
8. 独特性
9. 再认
10. 知觉的整体性
11. 注意的起伏或注意的动摇
12. 黏液质
13. 激情
14. 再认或回忆
15. 遗忘
16. 错觉
17. 持久性
18. 双避式冲突
19. 自我意识
20. 趋避式冲突

三、选择题

A₁型题

1. A
2. D
3. B
4. C
5. E　解析:创造想象是人创造活动的必要组成部分。
6. B
7. D
8. D
9. D　解析:强度大的、对比鲜明的、突然出现的、变化运动的、新颖的、感兴趣的、有价值的刺激容易引起无意注意。
10. C　解析:在同一时间内将注意指向不同的对象或活动称为注意分配。

11. C　　解析：经历过的事物再度出现时能够确认称为再认。

12. B　　解析：一时不能再认或回忆称为暂时性遗忘。

13. C　　解析：想象以表象为素材。表象是事物不在面前时，人们在头脑中出现的关于该事物的形象。

14. A　　解析：不依据现成的描述和图示，独立创造出新形象的过程称为创造想象。

15. A

16. D

17. C　　解析：情绪具有情境性、激动性、暂时性、冲动性与外显性，它往往随着情境的改变或需要的满足而减弱或消失。

18. A　　解析：心境是一种微弱、持久而又具有弥漫性的情绪体验状态，是一定时间内的情绪基调，也是人们内心世界的背景。

19. D　　解析：理智感是在智力活动过程中，认识和评价事物时所产生的情感体验。包括好奇心、求知欲和认知的兴趣等。

20. A

21. D

22. C

23. E　　解析：当知觉的条件在一定范围内变化时，知觉的映像仍然相对地保持不变，这就是知觉的恒常性。

24. B　　解析：自我意识由自我认知、自我体验和自我调控三种心理成分构成。自我认知包括自我感觉、自我观察、自我分析和自我评价等。自我监督属于自我调控的内容。

25. B　　解析：归属和爱的需要是在生理和安全需要得到满足的基础上产生的，主要包括社交的需要，归属的需要以及对友谊、情感和爱的需要。

26. A　　解析：能力是顺利、有效地完成某种活动所必须具备的心理条件，是一种心理特征。才能、天才、智力、创造力包含于能力。

27. B　　解析：巴甫洛夫通过对动物进行的条件反射实验的研究，提出了高级神经活动学说。操作性条件反射学说由斯金纳提出，需要层次说由马斯洛提出，精神分析学说由弗洛伊德提出。

28. E　　解析：一个刺激不仅引起一种感觉，同时还引起另一种感觉的现象称为联觉。

29. A

30. C　　解析：性格的态度特征是指个体在处理社会各方面的关系时表现出来的一般特征，即他对社会、对集体、对工作、对学习、对劳动、对他人以及对待自己的态度的性格特征。

31. B　　解析：情绪、情感的产生是以客观事物是否满足主体的需要为中介的。

32. E　　解析：意志的果断性是指迅速地、不失时机地采取和执行正确决定的意志品质。与果断性相反的意志品质是优柔寡断和草率决定。

33. A　　解析：人的某种人格特点一旦形成，就相对稳定下来。"江山易改，禀性难移"即指人格具有稳定性。那些在行为中偶然表现出来的、属于一时性的心理特性不能称其为人格特征。当然，人格的稳定性并不是说它在人的一生中是一成不变的，随着生理的成熟和环境的变化，人格特征也会发生或多或少的变化。

34. B　　解析：思维的间接性是指人们借助于一定的媒介和知识经验对客观事物进行间

接的反映。

35. C 解析：人在知觉客观世界时，总是要根据自己的需要，有选择地把一部分事物知觉为对象，而把其他事物知觉为背景，知觉的这种特性称为知觉的选择性。

36. C 解析：再造想象是指根据语言的描述或图表模型的示意，在头脑中形成相应形象的过程。

37. A 解析：注意的分配是指在同一时间内把心理活动指向不同的对象或活动。

38. B 解析：负迁移是指一种学习对另一种学习起干扰或抑制的作用。

39. E 解析：动作记忆是对身体的运动状态和动作技能的记忆。

40. C 解析：心境是一定时间内的情绪基调。良好的心境可使人精神振奋，效率提高，对未来充满信心，有益于健康；不良的心境使人意志消沉，效率降低，悲观失望，有损于健康。

41. C 解析：意志的坚韧性是指坚持不懈地克服困难、永不退缩的品质，这种品质又称毅力、坚持性或顽强性。这是最能体现人的良好意志的一种品质。

42. B 解析：尊重的需要是希望有稳定的地位，得到他人高度评价，受到他人尊重并尊重他人的需要。这种需要得到满足会使人体验到自己的力量和价值，增强自信。这种需要得不到满足会使人感到沮丧和自卑。

A₂型题

1. A 解析：两种对个体都具有吸引力的需要目标同时出现，但不能同时兼顾时所表现的动机冲突称为双趋式冲突。

2. C 解析：意志的自制性是指善于管理和控制自己情绪和行动的能力，又称为自制力或意志力。

3. C 解析：个体对于某一目标同时具有趋近和逃避的矛盾心态所表现的动机冲突就是趋避式冲突。

4. D 解析：有两个目标，每个目标对自己既有利又有弊，反复权衡拿不定主意时的矛盾心情就是双重趋避式冲突。

5. E 解析：定势既可由知识经验引起，也可由刚刚发生的事情引起。

6. B

7. D

8. D 解析：应激是出乎意料的紧迫与危险情境所引起的高度紧张的情绪状态。应激的最直接表现即精神紧张。当人们遇到某种意外危险或面临某种突然事变时，必须集中自己的智慧和经验，动员自己的全部力量，迅速做出选择，采取有效行动，此时人的身心处于高度紧张状态，同时会有一系列生理反应，即应激状态。

9. D 解析：抑郁质的高级神经活动类型为抑制型，其行为特征是做事认真仔细，善观察小事细节，内倾明显，敏感怯懦，易伤感，孤僻，多愁善感，不善于与人交往，反应迟缓，行为刻板，情绪体验深刻、持久且不易外露。

四、简答题

1. 感觉的意义有：

(1) 感觉提供了内外环境的信息。人们根据感觉提供的信息来调节自己的行为。

(2) 感觉保证了机体与环境的信息平衡。没有感觉提供的信息，人就不能正常生存。

(3) 感觉是一切较高级、较复杂的心理现象的基础，是人的全部心理现象的基础。

2. 关于遗忘的进程，德国心理学家艾宾浩斯对遗忘规律做了首创性系统研究。他发现遗忘的进程是先快后慢，识记后最初一段时间遗忘快，随着时间推移和记忆材料的数量减少，遗忘便渐渐缓慢，最后稳定在一定水平上。因此及时复习、趁热打铁，是防止遗忘的有效手段。

3. 记忆的品质有：
(1) 记忆的敏捷性：是指一个人在识记事物时的速度方面的特征。
(2) 记忆的持久性：是指记忆内容在记忆系统中保持时间长短方面的特征。
(3) 记忆的正确性：是指对记忆内容的识记、保持和提取是否精确的特征。
(4) 记忆的备用性：是指对保持内容在提取应用时所反映出来的特征。

4. 影响问题解决的因素有：
(1) 迁移：是指已有的知识经验对解决新问题的影响。包括正迁移和负迁移。
(2) 原型启发：是指从现实生活的事例中受到启发而找到解决问题的途径或方法。
(3) 定势：是人们在从事某种活动前的心理准备对后面所从事的活动的影响。
(4) 动机与情绪：中等强度的动机和适度的情绪紧张状态有利于问题的解决。
(5) 个性特征：气质、性格等的差异也影响着问题解决的效率。

5. 思维的基本品质有：
(1) 思维的深刻性：是在思维过程中善于透过现象看本质，能够把握事物规律的能力。
(2) 思维的广阔性：是在思维过程中能够抓住全面问题而又不忽视重要细节的能力。
(3) 思维的灵活性：是在思维活动过程中，善于随机应变、相机而行的能力。
(4) 思维的独创性：是独立思考，善于发现、分析问题，创造性地解决问题的能力。
(5) 思维的批判性：是根据客观指标和实践观点来检查、评价思维活动及结果的能力。
(6) 思维的敏捷性：是指一个人思维的速度快，具有当机立断和及时解决问题的能力。

6. 情绪的功能有：
(1) 适应功能：情绪是有机体生存、发展和适应环境的重要手段。
(2) 组织功能：正性情绪和情感提高工作效率；负性情绪和情感则降低工作效率。
(3) 信号功能：情绪和情感通过表情来实现在人际间传递信息、沟通交流的功能。
(4) 调节功能：积极的情绪和情感有利于人际关系的融洽；而消极的情绪和情感则有碍于人际关系的融洽。情绪、情感在人际关系中具有非凡的力量。

7. 情绪与健康的关系：
(1) 在心理健康方面，情绪会影响人的个性发展；影响人的认知与评价；不良人格特征者在负性情绪长期作用下易患心理疾病。
(2) 在躯体健康方面，情绪会影响机体的免疫力；可治病或致病；影响内分泌和神经系统的功能。

8. 调节情绪的方法有：
(1) 人际调节：人际交往有助于释放压力，与人分享快乐，快乐就会加倍。
(2) 认知调节：通过改变认知，换个角度看问题，就可以改变情绪，有截然不同的心态。
(3) 意识调控：愤怒、焦虑、紧张时有意识的自我调控可以降低激情的强度。
(4) 恰当的宣泄：恰当的宣泄可以消除因挫折而带来的精神压力，有助于保持心理平衡。

(5) 环境调节：心情不好时多亲近大自然，青山绿水会令人赏心悦目。

(6) 放松训练：通过肌肉的放松训练，体会放松后舒适的感觉，有疏解情绪的作用。

(7) 用表情调节：要想有愉快的情绪，先要有愉快的动作，微笑是调节情绪的很好的选择。

(8) 暂时回避：有时问题会随时间的推移而日渐淡化；或者不经意间找到解决方案。

9. 意志的品质有：

(1) 意志的自觉性：是指能自觉地支配自己的行动，使之服从于活动目的的品质。

(2) 意志的果断性：是指迅速地、不失时机地采取和执行决定的意志品质。

(3) 意志的坚韧性：是指坚持不懈地克服困难、永不退缩的品质，又称毅力或顽强性。

(4) 意志的自制性：是指善于管理和控制自己情绪和行动的能力，又称自制力或意志力。

10. 人格的特征有：

(1) 独特性：由于遗传、环境和教育等因素都不尽相同，各人都有自己独特的心理特点。

(2) 整体性：人格是由多种成分构成的有机整体，具有内在的一致性，受自我意识的调控。

(3) 稳定性："江山易改，禀性难移"即指人格的稳定性。但也会发生或多或少的变化。

(4) 功能性：同样面对挫折，性格坚强的人百折不挠；怯懦的人则一蹶不振。

(5) 自然性和社会性的统一：个体人格的形成是以其神经系统的成熟为基础的，这体现了人格的自然性；人格又是在一定的社会环境中形成的，体现人格的社会性。所以，人格是自然性和社会性的统一。

11. 影响人格形成的因素有：

(1) 生物因素：是人格形成和发展的自然基础。包括遗传、神经系统的特性、体态容貌等。生物因素只为人格的形成和发展提供了一种可能性，不能决定人格的发展。

(2) 环境因素：环境因素决定了人格的后天发展，包括家庭、学校和社会文化环境等。

(3) 实践活动：人反复地从事某项实践活动，扮演与这一活动相适应的角色，久而久之，便形成和发展了这一活动所必需的人格特点。

(4) 自我教育：一个人希望成为什么样的人，不希望成为什么样的人，是有一定的自主权的，是可以进行选择的。从某种意义上说，人格也是自己塑造的。

12. 影响能力形成和发展的因素有：

(1) 遗传因素：主要指一个人生来具有的解剖生理特点。但身体素质只为能力的发展提供自然基础和前提，并不等于能力本身。能力是不可能直接通过生物学的方式遗传给后代的。

(2) 环境因素：遗传决定了能力发展可能的范围或限度，环境则决定了在遗传决定的范围内能力发展的具体程度。遗传潜势不同的人，在不同的环境中，其能力发展会有所不同。

(3) 教育因素：学校教育不仅让儿童掌握知识和技能，还发展了儿童的能力，培养了他们健全的人格。而且外界的条件是通过儿童自身的活动发生作用的。

13. 气质的意义有：

(1) 气质主要表现为心理活动的动力和方式，而不涉及其方向和内容。气质无好坏之分，不决定一个人的价值和成就。任何气质类型的人都可以在事业上获得成功。

（2）气质类型能影响工作效率。在特定的条件下，选择气质特征合适的人员从事某项工作，可提高工作效率，减少失误。这对于职业选择和工作调配等具有一定的意义。

（3）气质类型能影响人的心身健康。情绪不稳定、易伤感、过分性急、冲动等特征不利于心身健康，有些可成为心身疾病的易感素质。

14. 性格的特征有：

（1）态度特征：是指个体在处理社会各方面的关系时表现出来的一般特征，即他对社会、对集体、对工作、对学习、对劳动、对他人以及对待自己的态度的性格特征。

（2）意志特征：是指一个人在自觉调节自己行为的方式和水平上表现出来的心理特征。

（3）情绪特征：是指一个人在情绪活动中经常表现出来的强度、稳定性、持久性以及主导心境方面的特征。

（4）理智特征：是指个体在认知活动中表现出来的心理特征。

15. 性格的意义有：

（1）性格的差异是个体之间人格差异的核心。

（2）性格的可塑性较大。性格是在后天社会环境中逐渐形成的，更多地体现了人格的社会属性，环境对性格的塑造作用较为明显。

（3）性格在社会评价上有好坏善恶之分。性格体现了一个人的道德风貌，受人的世界观、人生观和价值观的影响，如有的人大公无私，有的人自私自利。

16. 马斯洛把人的需要分为五个层次，这五个层次是由低到高逐级形成并逐级得以满足的。

（1）生理需要：维持人类自身生存和种系发展的需要，是最原始、最基本的需要。

（2）安全需要：是人对生命财产的安全、秩序、稳定以及免遭痛苦和威胁或疾病等的需要，它是在生理需要得到满足的基础上产生的。如果得不到满足，人就会感到焦虑和恐惧。

（3）归属和爱的需要：是在生理和安全需要得到满足的基础上产生的，主要包括社交的需要，归属的需要以及对友谊、情感和爱的需要。

（4）尊重的需要：是希望有稳定的地位，得到他人的高度评价，受到他人尊重并尊重他人的需要。这种需要得到满足会使人体验到自己的力量和价值，增强自信。

（5）自我实现的需要：是指人希望最大限度地发挥自己的潜能，不断完善自己，完成与自己能力相称的一切事情，实现自己理想的需要，也是人类最高层次的需要。

17. 自我意识的构成成分有：

（1）自我认知：是对自己的洞察和理解。包括自我感觉、自我概念、自我观察、自我分析和自我评价等。其中，自我评价是自我认识中的核心成分。

（2）自我体验：是伴随自我认知而产生的内心体验，是自我意识在情感方面的表现。包括自我感受、自尊、自卑、自信、自豪、自满、内疚、羞愧、责任感、义务感、优越感等。

（3）自我调控：是自我意识的意志成分，是个人对自己的行为、活动和态度的调控。包括自我检查、自我监督、自我调节、自我控制、自我激励等成分。

五、案例分析题

【案例1】

1. 本文描述了感觉、知觉、注意、记忆、思维、情绪、意志等心理现象。

2. 小刘在考场上出现了紧张、焦虑的情绪反应。她采用意识调控、认知调节、放松等方法消除了不良情绪。

3. 良好的意志品质（自觉性、坚韧性、自制性）使她能在医院带病坚持学习。

【案例2】

1. 此案例的描述中体现了以下心理现象：

（1）嗅觉——"闻到一股特殊的气味"。

（2）听觉——"听到了极其微弱的婴儿的哭声"。

（3）皮肤感觉中的触觉、冷觉——"摸到一个包在褡褓里的婴儿，全身很凉"；孩子说衣服都是爸爸做的；"他用舌尖穿针引线"。

2. 此案例的描述中体现的感觉特性有：

（1）感觉适应：由于刺激物的持续作用可使感觉器官的感受性提高或降低，嗅觉的适应在这里表现为感受性的降低——"一会儿他就闻不到这种气味了"。

（2）感受性的补偿和发展：人的各种感受性都是在生活实践中发展起来的。老张自幼丧失了视觉，他的嗅觉、听觉和皮肤感觉都得到了高度发展以弥补这种缺失的感觉功能，"他用舌尖穿针引线"更是人类感受性的巨大潜力通过实践训练得到极致发展的充分展现。

【案例3】

1. 人经过努力，是可以逐渐控制自己的情绪的，意识调控情绪是可能的。

2. 坏脾气对人造成的伤害犹如刀疤，永远存在，所以最好少发或不发脾气。

实训一　气质类型调查

一、目的

使用气质类型调查问卷作为气质类型调查的测量工具。通过对问卷的操作，使学生掌握具体施测步骤及结果分析的方法，为将来在护理工作中的运用奠定基础。此类调查有助于了解患者的气质类型，以及气质类型与心身健康的关系，有助于护理工作以及护患之间的沟通与交流。同时通过测量，也使学生了解自己的气质类型，有益于自身的发展与完善。

二、内容与方法

1. 准备

（1）学生准备：明确调查目的，确定调查内容。

（2）用物准备：气质类型调查表。

（3）环境准备：安静，室温适中，独立操作，无旁观。

2. 实施

（1）介绍量表：我国著名心理学家陈会昌根据四种气质类型编制的气质类型调查表，是目前国内应用较广的一种气质测量工具。它既可用于群体测量，也可用于个别测量。测量时间一般为15~20min，可根据测试者的得分确定气质类型。

（2）具体实施操作：按指导语的提示进行测试，计算得分，确定气质类型，分析气质特点。

3. 评价

（1）掌握量表施测全过程的操作方法。

(2) 掌握结果分析的方法。

(3) 评价自己的气质类型和特征,并写出调查分析报告。

气质类型调查表

下面 60 道题可以帮助你大致确定自己的气质类型。请你认真阅读每一道题,按自己的实际情况予以回答,不要遗漏。每题可做五种评价,你认为很符合自己情况的,计 2 分;比较符合的,计 1 分;拿不准的,计 0 分;比较不符合的,计-1 分;完全不符合的,计-2 分。

内容	得分
1. 做事力求稳妥,不做无把握的事。	
2. 遇到可气的事就怒不可遏,想把心里话全说出来才痛快。	
3. 宁可一个人干事,不愿很多人在一起。	
4. 到一个新环境很快就能适应。	
5. 厌恶那些强烈的刺激,如尖叫、噪声、危险镜头等。	
6. 和人争吵时,总是先发制人,喜欢挑衅。	
7. 喜欢安静的环境。	
8. 善于和人交往。	
9. 羡慕那种善于克制自己感情的人。	
10. 生活有规律,很少违反作息制度。	
11. 在多数情况下情绪是乐观的。	
12. 碰到陌生人觉得很拘束。	
13. 遇到令人气愤的事,能很好地自我克制。	
14. 做事总是有旺盛的精力。	
15. 遇到问题常常举棋不定,优柔寡断。	
16. 在人群中从不觉得过分拘束。	
17. 情绪高昂时,觉得干什么都有趣;情绪低落时,又觉得什么都没意思。	
18. 当注意力集中于一种事物时,别的事物很难使我分心。	
19. 理解问题总比别人快。	
20. 碰到危险情景时,常有一种极度恐怖感。	
21. 对学习、工作、事业怀有很高的热情。	
22. 能够长时间做枯燥、单调的工作。	
23. 符合兴趣的事情,干起来劲头十足,否则就不想干。	
24. 一点小事就能引起情绪波动。	
25. 讨厌做那种需要耐心、细致的工作。	
26. 与人交往不卑不亢。	
27. 喜欢参加热烈的活动。	

续表

内容	得分
28. 爱看感情细腻、描写人物内心活动的文学作品。	
29. 工作学习时间长了,常感到厌倦。	
30. 不喜欢长时间谈论一个问题,愿意实际动手干。	
31. 宁愿侃侃而谈,不愿窃窃私语。	
32. 别人说我总是闷闷不乐。	
33. 理解问题常比别人慢些。	
34. 疲倦时只要做短暂的休息就能精神抖擞,重新投入工作。	
35. 心里有话,宁愿自己想,不愿说出来。	
36. 认准一个目标就希望尽快实现,不达目的,誓不罢休。	
37. 同样和别人学习、工作一段时间后,常比别人更疲倦。	
38. 做事有些莽撞,常常不考虑后果。	
39. 老师或师傅讲授新知识、技术时,总希望他讲慢些,多重复几遍。	
40. 能够很快地忘记那些不愉快的事情。	
41. 做作业或完成一件工作总比别人花的时间多。	
42. 喜欢运动量大的剧烈体育活动,或参加各种文艺活动。	
43. 不能很快地把注意力从一件事转移到另一件事上去。	
44. 接受一个任务后,就希望把它迅速解决。	
45. 认为墨守成规比冒风险强些。	
46. 能够同时注意几件事物。	
47. 当我烦闷的时候,别人很难使我高兴起来。	
48. 爱看情节起伏跌宕、激动人心的小说。	
49. 对工作抱有认真严谨、始终一贯的态度。	
50. 和周围人们的关系总是相处不好。	
51. 喜欢复习学过的知识,重复做已经掌握的工作。	
52. 希望做变化大、花样多的工作。	
53. 小时候会背的诗歌,我似乎比别人记得清楚。	
54. 别人说我"出语伤人",可我并不觉得这样。	
55. 在体育活动中,常因反应慢而落后。	
56. 反应敏捷,头脑机智。	
57. 喜欢有条理而不甚麻烦的工作。	
58. 兴奋的事常常使我失眠。	
59. 老师讲新概念,常常听不懂,但弄懂以后就很难忘记。	
60. 假如工作枯燥无味,马上就会情绪低落。	

计算方法：
将组成每一种气质类型的各个题目的得分相加即得这一类型的总分。
1. 计算每种气质类型的总分数。
2. 将每种气质类型的总分取绝对值。
胆汁质对应题目：2、6、9、14、17、21、27、31、36、38、42、48、50、54、58
多血质对应题目：4、8、11、16、19、23、25、29、34、40、44、46、52、56、60
黏液质对应题目：1、7、10、13、18、22、26、30、33、39、43、45、49、55、57
抑郁质对应题目：3、5、12、15、20、24、28、32、35、37、41、47、51、53、59
气质类型的确定：

如果某类气质类型得分明显高出其他三种，均高出4分以上，则可定为该类气质。此外，如果该类气质得分超过20分，则为典型型；如果该类得分在10~20分，则为一般型；如果两种气质类型得分接近，其差异低于3分，而且又明显高于其他两种（高出4分以上），则可定为两种气质的混合型；如果三种气质的得分相接近，但均高于第四种，则为三种气质混合型。由此有15种气质类型：①胆汁质；②多血质；③黏液质；④抑郁质；⑤胆汁质-多血质；⑥多血质-黏液质；⑦黏液质-抑郁质；⑧胆汁质-抑郁质；⑨胆汁质-黏液质；⑩多血质-抑郁质；⑪胆汁质-多血质-抑郁质；⑫胆汁质-黏液质-抑郁质；⑬胆汁质-多血质-黏液质；⑭多血质-黏液质-抑郁质；⑮四种气质混合型。

如果你是男性，总得分在0~10分则非常内向，11~25分比较内向，26~35分介于内外向之间，36~50分比较外向，51~60分非常外向。如果你是女性，总得分在0~10非常内向，11~21分比较内向，22~31分介于内外向之间，32~45分比较外向，46~60分非常外向。

（于 琪）

第三章 心理发展与心理保健

重点与难点解析

一、心理发展的概念

广义的心理发展是指个体从出生到成年再到老年的心理发生、发展和变化的过程。狭义的心理发展是指个体从出生到成年所发生的积极心理变化。

二、心理发展的特征

心理发展的特征有顺序性、阶段性、个体差异性、发展不平衡性和早期发展的重要性。

三、心理保健的概念

心理保健又称精神保健、心理卫生，是指根据不同年龄的心理特点和心理发展规律，进行健康教育和训练，促进个体形成健全的人格和正常的心理过程，塑造良好的心理素质和灵活的社会适应能力，提高个体的整体心理健康水平。

四、心理保健的原则

保持自我意识良好；保持社会适应良好；保持良好的人际关系；积极参加社会实践。

五、个体不同发展阶段的心理特征及保健

1. 优生与胎教　不近亲结婚，不在狭小的区域内寻找配偶；做好婚前健康检查，重视遗传咨询；最佳受孕年龄为25～29岁；受孕前做健康体检，孕前6个月要注意调整工作环境，进行营养储备。妊娠期要营养全面合理，情绪乐观稳定，避免烟、酒及各种有害物质的作用；通过音乐、运动、言语对胎儿进行胎教。

2. 儿童期　儿童期是个体身心迅速发展的时期，也是心理发展的关键时期。包括乳儿期（0～1周岁）、婴儿期（1～3周岁）、幼儿期（3～6周岁）即学龄前期、童年期（6～12周岁）。各期儿童的心理活动都有其各自的特点，其心理健康与否，对今后身心发展具有持久和深远的影响。所以应重视儿童期的心理保健：①加强亲子间的情感交流；②进行感觉整合训练；③注重关键期训练，如口头语言训练、社会化训练、智力的开发等；④开展丰富多彩的游戏活动；⑤创造温馨、和谐的家庭环境；⑥注意保护孩子的自我意识；⑦培养良好的睡眠习惯、进食习惯、卫生习惯；⑧培养入学适应能力；⑨及时纠正逃学、说谎、偷窃等不良行为。

3. 少年期　少年期大致相当于青春期的年龄阶段。在我国，少年期一般定在11（或12）～15（或16）岁；世界卫生组织认定的青春期年龄是12～18岁。少年神经系统迅速发育，脑功能基本健全；生殖系统发育迅速，性心理发展；易出现自我意识多方面的矛盾；情

绪易失衡；逐渐形成了独特的人格及行为方式。在少年期有时内心矛盾冲突非常强烈，其理性相对较差，感情、行为易冲动。心理问题主要表现在学习、人际关系、性困惑和早恋、社会适应等方面。少年期的心理保健：①促进自我意识的健全发展；②科学地认识和对待性意识；③激发学习动机，培养学习兴趣；④关注心理问题。

4. 青年期　青年期一般指17（或18）～35岁。青年人的心理特征有：生理、心理功能成熟；进入成人社会，承担社会义务；自我意识增强，个体人生观和价值观比较稳定；性意识发展和成熟；情感的发展与现实易发生矛盾。此期青年人易出现社会适应、情绪情感、性困惑等方面的心理问题。青年期的心理保健：①正确认识自己，树立正确的人生观、世界观；②处理好恋爱和婚姻问题；③促进和完善职业生涯；④提高交往能力，正确处理各种人际矛盾。

5. 中年期　中年期一般指35～60岁。中年人的心理特征有：智力发展到最佳状态，能做出理智的判断，具有独立解决问题的能力；情绪趋于稳定，善于疏泄和控制感情；自我意识明确，能根据自己的才能和地位决定自己的言行；能把握和适应环境，并按社会规范调整自己的行为，人际交往能力增强；有坚韧的意志力。中年期是人的一生中身心负荷最为沉重的时期，如不能及时调整心身状态，可导致心理疾病或心身疾病的发生。故应重视中年期的心理保健：①保持和谐的人际关系；②面对现实，量力而行；③修身养性，陶冶性情；④实现自我，发展自我。

6. 老年期　老年期一般指60岁以上。老年期的心理特征有：抗病能力下降，易导致各种疾病的发生；脑功能衰退，感知觉下降，记忆力减退，智能与学习能力下降，尤其是判断力和注意力减弱；易发生人格改变，出现精神障碍。由于退休和社会职能发生变化、家庭变故（丧偶、丧子女）、生活困难等，老年人易产生孤僻、自卑、固执、多疑等心理问题。老年期的心理保健：①正视现实，发挥余热；②重新建立人际关系；③创造愉快的心境；④发挥社会支持系统的作用。

习 题

一、名词解释

1. 心理发展
2. 心理保健

二、填空题

1. 心理发展是指_____、_____、_____和_____不断成长、成熟和完善的过程。
2. 心理发展的特征有_____、_____、_____、_____、_____。
3. 心理保健的原则包括_____、_____、_____、_____。
4. 常用的胎教方法有_____、_____、_____。
5. 自我意识是个体对自身与客观外界关系的_____和_____。自我意识良好的核心是_____和_____。
6. 少年期大致相当于青春期的年龄阶段，在我国，少年期一般定在_____岁；世界卫生组织认定的青春期年龄是_____岁，发达国家较早些，发展中国家则晚一些。

7. 口头语言发展关键期是_____岁，应多进行听、说训练。人格发展关键期在_____岁，应注意幼儿的社会化训练；_____岁以前是智力发展的关键期。

8. _____是心理上的"断乳期"，心理学上称为"第二反抗期"。

三、选择题

A₁型题

1. 开始注重个体心理卫生的最早时期应是
   A. 青少年期
   B. 婴儿期
   C. 幼儿期
   D. 胎儿期
   E. 中年期

2. 心理学上的"第一反抗期"是指
   A. 胎儿期
   B. 婴儿期
   C. 幼儿期
   D. 儿童期
   E. 少年期

3. 智力发展的关键期在
   A. 3岁前
   B. 4岁前
   C. 5岁前
   D. 7岁前
   E. 12岁

4. 婴儿期是指
   A. 0～6个月
   B. 6个月～3周岁
   C. 1～3周岁
   D. 1～4周岁
   E. 3～6周岁

5. 青春期是心理上的"断乳期"，一个显著的特点是
   A. 自我能力不断发展
   B. 学习能力增强
   C. 情绪易波动
   D. 自我意识不断发展
   E. 个性独立

6. 青春期主要的自我意识矛盾是
   A. 成长与发展
   B. 独立与依赖
   C. 精神与物质
   D. 幼稚与成熟
   E. 孤独与自立

7. 在乳儿期，儿童最主要的需要是
   A. 游戏
   B. 思考
   C. 爱抚
   D. 学习
   E. 陪伴

8. 有关胎教的说法，以下内容**错误**的是
   A. 胎教的方法包括音乐胎教、运动胎教和言语胎教
   B. 胎教指在胎儿期的教育，是孕期心理卫生的重要方面
   C. 第8周时，胎儿的压觉、触觉感受器已形成
   D. 运动胎教可以促进胎儿触动觉、平衡觉、肢体运动的发展
   E. 音乐胎教能促进孕妇分泌适量有益健康的激素和酶

9. 个体从中年向老年过渡的过程中，生理和心理状态明显改变的时期称为
   A. 转折期
   B. 过渡期
   C. 关键期
   D. 更年期
   E. 中年期

10. 皮亚杰的认知发展理论认为形式运算期的大致年龄为
    A. 3～7岁
    B. 7～9岁
    C. 12～15岁

D. 7~11 岁
   E. 6~12 岁
11. 关于心理发展,以下**错误**的一项是
   A. 心理发展是生物因素与环境因素相互作用的结果
   B. 前一阶段的发展决定或影响后一阶段的发展
   C. 心理发展是连续性与阶段性的统一
   D. 心理发展是稳定的、不可改变的
   E. 心理发展是由低级向高级、由量变到质变的过程
12. 以下**不属于**少年期心理特征的是哪一项
   A. 性心理发展
   B. 自我意识冲突
   C. 人格成熟
   D. 情绪易失衡
   E. 脑功能基本健全
13. 对青年期的心理特征描述正确的是
   A. 智力发展到最佳状态
   B. 情绪情感丰富、强烈而稳定
   C. 自我意识明确
   D. 意志力坚韧,能把握和适应环境
   E. 性意识发展和成熟
14. 对心理超负荷的应对,比较消极的方式是
   A. 量力而行
   B. 淡泊名利
   C. 学会放松
   D. 投射防御
   E. 改变情境
15. 以下**不属于**中年期心理特征的是哪一项
   A. 智力发展到最佳状态
   B. 情绪趋于稳定
   C. 善于疏泄和控制感情
   D. 自我意识明确
   E. 情感的发展与现实矛盾

A₂型题

1. 小神童4岁进图书馆,10岁上高中,13岁被保送上北京大学,可他除了数学方面表现出特殊的优势,语文、英语都是班上最差的,同学都说他的性格很孤僻,与人沟通也存在问题。神童现象体现了心理发展的哪一种特征
   A. 顺序性、阶段性
   B. 阶段性、个体差异性
   C. 个体差异性、不平衡性
   D. 早期发展的重要性、阶段性
   E. 不平衡性、顺序性
2. 丽丽是小学五年级的学生,回家经常拿着心理健康方面的教材看,可妈妈却不支持,认为看这类书没用。以下对心理保健的现实意义的描述**错误**的一项是
   A. 有助于防治心理疾病
   B. 有助于人的心理健康发展
   C. 有助于推动精神文明的建设
   D. 有助于社会的改革前进
   E. 有碍于学习,耽误时间
3. 李某,妊娠2个月,喜欢吸烟。因对胎儿不宜,所以遭家人反对,她却认为胎儿在腹中吸收不多,影响不大,而一意孤行。该孕妇的行为会导致胎儿
   A. 低体重
   B. 出现各种畸形
   C. 性格古怪
   D. 皮肤黝黑
   E. 容易流产
4. 某妈妈,生产后为了保持良好身材而坚决不给婴儿哺乳,并把孩子推给婆婆照顾。关于影响婴儿期心理健康发展的因素**错误**的一项是
   A. 母乳喂养
   B. 增进母爱
   C. 保证充足的睡眠
   D. 促进运动与智力的发展

E. 培养孩子的独立能力

5. 张女士是一名工人，由于自己当年没有考上大学，把希望寄托在孩子身上，所以对于3岁的女儿严格要求，每天都要其识字、背诗、写字，剥夺孩子游戏的时间。以下对游戏的主要功能表述**错误**的一项是

   A. 促进婴幼儿心身健康与发展
   B. 丰富婴幼儿的知识
   C. 浪费时间，玩物丧志
   D. 可消除紧张和忧虑
   E. 可培养婴儿的注意力及自信心

6. 小明是一位13岁的少年，近期妈妈觉得孩子没有以前听话，经常顶嘴，有时还莫名地发脾气，不愿父母干涉他的学习和生活。他的父母很不理解，经常为此与之发生冲突。以下对该少年心理特征描述**错误**的一项是

   A. 生殖系统发育迅速，心理发展渐趋缓慢
   B. 性生理发育及发展
   C. 自我意识发生冲突
   D. 逐渐形成了独特的人格及行为方式
   E. 情绪发展成熟、稳定

7. 小刚今年5岁，由于父母在外地工作，从1岁开始父母就把他寄养在外祖母家。家人发现小刚总是眉头紧皱，不爱笑，不愿与其他小朋友交往，性格孤僻。以下对小刚心理问题诊断正确的一项是

   A. 缺少母爱与适宜刺激，产生分离性焦虑
   B. 缺少父母关爱，产生社交恐惧
   C. 先天性格孤僻
   D. 先天人格缺陷
   E. 缺少父母关爱，形成孤僻、自卑、退缩的性格

四、简答题

1. 简述心理发展的主要阶段。
2. 简述少年期的心理保健。
3. 简述更年期的心理保健。

五、案例分析题

张局长是某机关退休干部，自退休两个多月以来，整天唉声叹气，无精打采，睡不好觉，食不知味；唠唠叨叨，天天不出门，和上班时的张局长判若两人，还时不时地发脾气，有时又说自己将不久于人世……请问：

1. 张局长出现了哪些不良情绪反应？
2. 针对张局长的情况应如何进行心理保健？

参考答案及解析

一、名词解释

1. 广义的心理发展是指个体从出生到成年再到老年的心理发生、发展和变化的过程。狭义的心理发展是指个体从出生到成年所发生的积极心理变化。
2. 心理保健又称精神保健、心理卫生，是指根据个体生长发育发展过程中不同年龄的心理特点和心理发展规律，进行健康教育和训练，促进个体发展和健康人格的形成，塑造良

好的心理素质和灵活的社会环境适应能力，提高个体的整体心理健康水平。

二、填空题

1. 认知　情绪情感　意志　人格
2. 顺序性　阶段性　个体差异性　发展不平衡性　早期发展的重要性
3. 保持自我意识良好　保持社会适应良好　保持良好的人际关系　积极参加社会实践
4. 音乐胎教　运动胎教　言语胎教
5. 认知　体验　自知　自爱
6. 11（或12）~15（或16）　12~18
7. 1~3　3~7　7
8. 青春期

三、选择题

A_1型题

1. D
2. C　解析：3~6周岁的幼儿期儿童，自我意识开始发展，心理学上称"第一反抗期"。
3. D
4. C
5. D　解析：青春期是心理上的"断乳期"，心理学上称为"第二反抗期"，其自我意识迅速发展。
6. B　解析：青春期个体自我意识增强，产生强烈的成人感，有很强的独立意识，希望独立和平等，不希望像儿童那样依赖于成人，希望成人尊重他们的决定，有时表现为叛逆。但他们的独立能力还有限，所以独立与依赖成为青春期主要的自我意识矛盾。
7. C　解析：在乳儿期，儿童最主要的需要是爱抚，爱抚儿童会使儿童产生安全感，是促进其心理健康发展的关键。
8. C　解析：第8周时，胎儿的压觉、触觉感受器尚没有形成。
9. D　解析：更年期是人生必经的一个时期，是生理和心理状态明显改变的时期。男、女都有更年期，男性一般为50~60岁，女性一般为45~55岁。
10. C　解析：形式运算阶段［11或（12）~15］岁儿童的思维是以命题形式进行的；能够根据逻辑推理、归纳或演绎的方式来解决问题；其思维发展水平已接近成人。
11. D
12. C　解析：少年期神经系统迅速发育，脑功能基本健全，生殖系统发育迅速，逐渐出现了性意识、性欲望及性冲动，自我意识发生冲突，情绪易失衡，逐渐形成了独特的人格及行为方式，但人格成熟是在青年期。
13. E
14. D
15. E

A_2型题

1. C　解析：4岁进图书馆、10岁上高中、13岁被保送上北京大学，神童在儿童早期心理发展迅速,体现个体心理发展的不平衡性;只在数学方面表现突出,体现个体心理发展的差异性。

2. E

3. B　解析:妊娠前 3 个月是胎儿组织器官发育成形的关键时期,吸烟可导致胎儿出现各种畸形。

4. E　解析:婴儿期应提倡母乳喂养,加强亲子间的情感交流,母爱、拥抱、抚摸会使婴儿产生安全感,是促进其心理健康发展的关键。而此阶段儿童还不具备独立的能力。

5. C

6. E

7. E

四、简答题

1. 心理发展的阶段有:①儿童期(乳儿期 0~1 周岁、婴儿期 1~3 周岁、幼儿期 3~6 周岁、童年期 6~12 周岁)。②少年期一般定在 11(或 12)~15(或 16)岁;世界卫生组织认定的青春期年龄是 12~18 岁。③青年期一般指 17(或 18)~35 岁。④中年期一般指 35~60 岁。⑤老年期一般指 60 岁以上。

2. 少年期的心理保健包括:①促进自我意识的健全发展;②科学地认识和对待性意识;③激发学习动机,培养学习兴趣;④关注心理问题。

3. 更年期的心理保健包括:①加强心理调节,消除恐惧的心理,保持自信和心情愉快;②避免过度激烈的运动,适当进行体力锻炼,如散步、慢跑、跳舞等,以促进全身血液循环和各个脏器的功能,延缓衰老,防止肥胖;③切忌乱用保健类药品。

五、案例分析题

1. 张局长由于退休后不能适应新的社会角色、生活环境和生活方式的变化,出现了焦虑、抑郁、恐惧的消极情绪反应。

2. 针对张局长的情况,应做如下心理保健:

(1) 正视现实:使张局长认识到机体衰老是自然规律,社会角色的改变是必然结果。老年人要正视这一现实,不能像年轻时那样要求自己,要重新调整自我,适应新的社会角色。安排好退休后的生活,多参加一些适合自己的文体活动,如打太极拳、养鱼、种花等,使精神生活充实。

(2) 重新建立人际关系:思想沟通和情感交流是老年人的心理需求。退休后老年人常有孤独感,可与邻里、老朋友等人群重新建立人际关系,通过谈心与交流满足其心理需求。

(3) 创造愉快的心境:通过各种渠道调节情绪,尽量减少消极悲观情绪,凡事不多计较,知足常乐,使自己生活在轻松、愉快、和谐的氛围之中。

(4) 发挥社会支持系统的作用:儿女、家人及亲友,应多抽出时间陪伴老年人,使张局长逐渐适应退休后的生活。

(姜　伟)

第四章 心理应激与心身健康

重点与难点解析

一、应激的概念

应激是个体"察觉"各种刺激对其构成威胁时出现的生理、心理整体的反应,其结果可以是适应或适应不良。

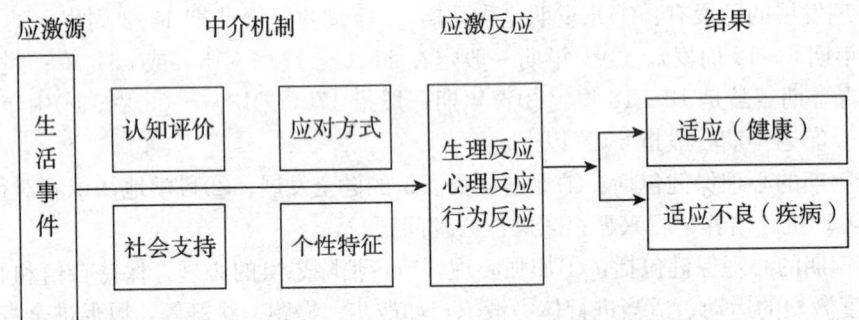

二、应激反应过程

1. **应激源** 应激源是指所有能够引起个体应激反应的各种内外刺激因素,又常被称为生活事件。可分为躯体性应激源、心理性应激源、社会性应激源和文化性应激源。通常可按照应激源的性质、数量、强度、来源、可预料性和可控性、时间(起始时间、持续时间、频率)对其进行评价。

2. **应激的中介机制** 是应激反应中最主要的环节。包括:①认知评价——是指个体从自己的角度对遇到的应激源的性质、程度和可能的危害情况做出估计;②应对方式——是指个体对付应激使自身适应或摆脱某种情境的手段;③社会支持——是指在应激状态下,来自社会各方面的精神和物质上的援助;④个性特征——个性可以影响个体对生活事件的认知评价,影响人的应对方式。

3. **应激反应** 应激反应是指当个体经认知评价而察觉到应激源的威胁后,通过中介机制产生的心理与生理变化。包括应激的生理反应、心理反应和行为反应。应激的生理反应通过心理-神经系统、心理-神经-内分泌系统、心理-神经-免疫系统三条途径起作用,出现心律失常、血压不稳、头痛、腹泻等各种表现;应激的心理反应主要表现在情绪方面如焦虑、恐惧、抑郁、愤怒;应激的行为反应有逃避与回避、敌对与攻击、退化与依赖、无助与自怜。

4. **应激反应的结果** 适度的应激对人的健康和机体功能活动有促进作用,有利于人的适应并使机体处于健康状态。长期的、超强度的应激则使人难以适应,最终损害人的健康,甚至产生疾病。

三、应对的概念

应对是个体对生活事件以及因生活事件而出现的自身不平衡状态所采取的认知和行为措施。

四、应对方式

1. 无意识应对——心理防御机制

（1）心理防御机制是个体为了应对应激状态下的紧张情境，通过潜意识活动，解脱烦恼，减轻内心不安，以恢复情绪平衡与稳定的各种心理策略。

（2）成熟的心理防御机制有升华、压抑、幽默、理智化、抵消作用等。

（3）不成熟的心理防御机制有否认、退化、曲解、幻想、转移、投射、合理化、反向等。

2. 有意识应对——认知和行为

（1）常见的积极应对方式：投身社会公益事业；发奋学习、努力工作，以优异的成绩来弥补精神上的创伤；积极参加与拓展业余爱好；寻求社会支持。

（2）常见的消极应对方式：压抑不良的情绪；搞迷信或参加宗教活动；不良性行为；物质滥用；攻击性行为。

五、健康的概念及表现

健康是个体在生理、心理和社会三个层面所获得的一种稳定、和谐和完善的状态。它表现在三个方面：①健康是人在生理、心理和社会等方面和谐、完善的状态；②健康必须是保持相对比较长时间的稳定状态；③健康是一种相对的状态，可以通过努力加以改善。

六、心理健康的概念与标准

1. 心理健康的概念　心理健康是指具有正常的认识能力、适宜的情绪体验、健全的人格、正确的自我意识及和谐的人际关系，是个体心理在自身及环境条件许可范围所能达到的最佳功能状态，而不是绝对的十全十美的状态。

2. 心理健康的标准　①正常的智力；②健康的情绪；③良好的自控力；④完善的人格；⑤良好的社会交往能力；⑥良好的社会适应能力；⑦心理行为与年龄特征相符；⑧良好的心理康复能力。

七、心理应激对健康的影响

1. 心理应激对健康的积极影响　适度的心理应激是个体成长和发展的必要条件；是维持正常心理和生理功能活动的必要条件。

2. 心理应激对健康的消极影响　①直接引起生理和心理反应，使人出现身体不适与精神痛苦；②与其他因素共同作用引发心身疾病；③与其他因素共同作用引发精神疾病；④加重已有的精神和躯体疾病。

八、心身疾病的概念

狭义的心身疾病是指心理社会因素在疾病发生、发展过程中起着重要作用的躯体器质性疾病。

九、常见心身疾病的心理社会因素及临床干预策略

（一）与冠心病有关的心理社会因素及临床干预策略

1. 心理社会因素　情绪因素；A 型行为；社会环境因素；吸烟、缺乏运动、过食、肥胖及对社会适应不良等。

2. 临床干预策略　药物等临床治疗；心理支持；矫正 A 型行为；矫正不良行为。

（二）与原发性高血压有关的心理社会因素及临床干预策略

1. 心理社会因素　生活事件；人格特征（A 型行为、神经质、过度焦虑和抑郁等）；情绪因素。

2. 临床干预策略　药物等临床治疗；心理治疗，包括一般心理支持和行为疗法；饮食疗法；避免生活上的紧张等应激。

（三）与消化性溃疡有关的心理社会因素及临床干预策略

1. 心理社会因素　情绪因素；人格特征（依赖、压抑、愤怒、内向等）。

2. 临床干预策略　临床抗炎治疗等；心理支持疗法；系统脱敏法、生物反馈法、放松训练法等。

（四）与支气管哮喘有关的心理社会因素及临床干预策略

1. 心理社会因素　情绪因素；人格特征（过度依赖、敏感、易激动、易受暗示、希望被照顾、以自我为中心、情绪不稳定及神经质）。

2. 临床干预策略　应用心理支持疗法帮助患者及其家人获得与哮喘有关的知识，同时将系统脱敏法、生物反馈法、放松训练法分别或配合使用。

（五）与恶性肿瘤有关的心理社会因素及临床干预策略

1. 心理社会因素　人格特征（C 型性格）；负性情绪；不良生活方式。

2. 临床干预策略　除解除疼痛、心理支持外，以认知疗法、松弛疗法、音乐疗法等最为常用。

（六）与糖尿病有关的心理社会因素及临床干预策略

1. 心理社会因素　紧张、焦虑等不良情绪；易紧张和竞争性强等个性特点；生活事件、社会地位、经济状况和文化习俗等社会因素。

2. 临床干预策略　糖尿病教育；血糖察觉训练；认知行为疗法及生物反馈法最为常用。

（七）与银屑病有关的心理社会因素及临床干预策略

1. 心理社会因素　高抑郁和内向性人格特征；负性生活事件。

2. 临床干预策略　心理支持；调整患者的认知。

习　题

一、名词解释

1. 应激
2. 应对
3. 心理防御机制

4. 心理健康
5. 心身疾病

二、填空题

1. 按应激源的内容将应激源分为四类：_____、_____、_____、_____。
2. 心理应激反应的情绪表现为_____、_____、_____、_____。
3. 心理应激反应的行为表现为_____、_____、_____、_____。
4. 成熟的心理防御机制主要有_____、_____、_____、_____、_____。
5. 具有_____型性格特征者患病率较高，且患恶性肿瘤者较多。

三、选择题

A₁型题

1. 以下哪种类型人格与高血压和冠心病密切相关
   A. B型人格
   B. AB型人格
   C. A型人格
   D. C型人格
   E. O型人格

2. 下列哪项**不属于**A型人格特点
   A. 富有竞争性
   B. 悠闲自得
   C. 时间紧迫感强
   D. 争强好胜
   E. 积极进取

3. 与癌症密切相关的人格特点是
   A. B型人格
   B. AB型人格
   C. A型人格
   D. C型人格
   E. O型人格

4. 下列哪项**不属于**C型人格特点
   A. 竞争意识强
   B. 过分与他人合作
   C. 回避冲突
   D. 屈从于权威
   E. 委曲求全

5. "以小人之心，度君子之腹"的心理防御机制属于
   A. 投射
   B. 抵消
   C. 转移
   D. 合理化
   E. 幻想

6. 心血管系统心身疾病**不包括**
   A. 冠心病
   B. 心律失常
   C. 过度换气综合征
   D. 原发性高血压
   E. 心动过缓

7. 社会再适应量表中，生活变化单位最高的事件是
   A. 结婚
   B. 配偶死亡
   C. 退休
   D. 转学
   E. 工作变动

8. 心身疾病通常**不包括**
   A. 高血压
   B. 冠心病
   C. 肺结核
   D. 糖尿病
   E. 消化性溃疡

9. 心理因素引起的短暂的生理变化称为
   A. 心身障碍
   B. 心身疾病
   C. 心身反应
   D. 心理疾病
   E. 生理疾病

10. 人格特点表现为过分依赖的心身疾病为
    A. 冠心病
    B. 原发性高血压
    C. 支气管哮喘
    D. 癌症
    E. 银屑病

A₂型题

1. 李明平时比较自私，当别人对他有看法时，他认为他所接触的人都自私。李明的这种心理防御机制属于
    A. 投射
    B. 抵消
    C. 转移
    D. 合理化
    E. 否认

2. 赵玉平时具有争强好胜、追求成就、攻击性强、缺乏耐心、醉心于工作等特征。赵玉的这种行为类型属于
    A. B型人格
    B. AB型人格
    C. A型人格
    D. C型人格
    E. O型人格

3. 孙晓常把自己渴望得到而得不到的东西说成是不好的，目的是减少或免除因挫折而产生的焦虑，保持个人的自尊。孙晓的这种防御机制属于
    A. 升华
    B. 转移
    C. 合理化
    D. 压抑
    E. 否认

4. 王丽是市人民医院的一名护士，她经常过度克制自己，压抑自己的悲伤、愤怒、苦闷等情绪。她这种人格类型属于
    A. B型人格
    B. AB型人格
    C. A型人格
    D. C型人格
    E. O型人格

5. 李维是一家医院的急诊科医生，他往往过度克制自己的喜怒哀乐，经常把自己的悲伤、愤怒、苦闷等负性情绪压抑在心底，他最易患的疾病可能是
    A. 糖尿病
    B. 冠心病
    C. 肿瘤
    D. 消化性溃疡
    E. 支气管哮喘

6. 晓东是幼儿园大班的一个孩子，他有爱咬手指的坏习惯，怕妈妈看见后挨打，经常见到妈妈就把两手背在身后，并声明：妈妈，我没有咬手。晓东的这种心理防御机制属于
    A. 投射
    B. 抵消
    C. 反向
    D. 合理化
    E. 否认

7. 蔡伟丽是某实验中学的一名高中二年级的学生，她在班里对同学们讲话时，常常表现为心率加快、血压上升、语无伦次，但过后很快就恢复正常。她这种情况属于
    A. 心身反应
    B. 心身障碍
    C. 心身疾病
    D. 精神病
    E. 神经症

A₃型题

（1～2题共用题干）

患者杨某，男，76岁，平时脾气比较火爆，有闯劲，遇事容易急躁，不善克制，喜欢竞争，好斗，对人常存戒心等。最近深感不适，到医院接受诊疗。

1. 根据患者的人格特征，医生的诊断最大的可能性是
    A. 冠心病

B. 恶性肿瘤
   C. 消化性溃疡
   D. 糖尿病
   E. 支气管哮喘
2. 医护人员采用的下列临床心理干预措施哪项**不对**
   A. 心理支持
   B. 认知疗法
   C. 放松训练
   D. 音乐治疗
   E. 口服药物

(3~4题共用题干)

患者张某，男，43岁，性格比较内向，经常感到特别压抑，一直担心上班迟到，经常害怕耽误时间而不敢吃早饭，最近感到胃部不适，经常伴有嗳气、反酸、上腹灼热、食欲缺乏、恶心呕吐等症状。经过医生检查，初步诊断为胃溃疡。

3. 引起张某溃疡病的主要心理社会因素是
   A. 生活有很好的节奏
   B. 内向及神经质的特点
   C. 进取心不强
   D. 生活负担过重
   E. 缺乏运动

4. 针对张某所患溃疡病的临床心理干预策略主要是
   A. 药物心理暗示
   B. 心理支持
   C. 取得单位领导的理解和帮助
   D. 指导患者放慢工作节奏
   E. 催眠疗法

(5~6题共用题干)

患者李某，男，32岁，2个月前经历了一场严重的车祸，经过医生精心的手术治疗病情稳定，住院期间经常吵闹、哭泣，虽然身体已经康复，可就是不愿意出院。

5. 案例中李某的应对方式是
   A. 无意识应对
   B. 积极的认知应对
   C. 积极的行为应对
   D. 成熟的有意识应对
   E. 良性的心理应对

6. 案例中李某采用的心理防御机制属于
   A. 升华
   B. 压抑
   C. 退化
   D. 转移
   E. 合理化

四、简答题

1. 心理健康的标准主要包括哪些方面？
2. 心理应激对健康的影响有哪些？
3. 简述与原发性高血压有关的心理社会因素及临床干预策略。
4. 简述与恶性肿瘤有关的心理社会因素及临床干预策略。

五、案例分析题

【案例1】小红的母亲在地震中丧生。小红从小与母亲一人相依为命，她早已将母亲视为自己生命的一部分，母亲的突然离去几乎摧垮了她的世界。起初她怎么也不相信母亲离去的事实，进屋仍然喊"妈妈"，晚上给妈妈打洗脚水……后来她终于明白：妈妈再也回不来了。她每天以泪洗面、失眠、无力、头晕、不愿说话、不愿见人、食欲缺乏，觉得没有妈妈的生活难以维系，内向、敏感的她感到极其无助，曾几次想到自杀，想与母亲同去……亲戚朋友来了，同学老师来了，心理援助队来了，经过一段时间的调整，小红又回到校园。

1. 结合应激反应理论，试分析小红经历了怎样的应激反应过程。

2. 从案例中你得到了什么启示？

【案例2】美国外交家富兰克林曾在法国一所大学里聆听了一场十分精彩的法语演讲。演讲结束时全场热烈鼓掌，他也跟着鼓掌。由于他不懂法语，就向别人询问刚才发言的人在讲些什么，别人笑着告诉他，刚才讲的都是赞美他的话。

富兰克林为自己的鼓掌感到尴尬，于是便对在场的人说："我给大家讲个笑话。"接着，他便把刚才的事说给大家听。全场爆发出一阵大笑，他也笑了。在友好的笑声中，富兰克林摆脱了尴尬。

1. 富兰克林主要运用了哪一种心理防御机制？
2. 解释富兰克林所采用的这种心理防御机制的含义。

【案例3】王某，女，硕士研究生，公司职员。她工作能力强，模样俊俏，但经常独来独往，总是提防别人伤害自己，时常怀疑别人有特别动机。例如，工作中总是怀疑别人翻弄了她的资料；他人向她请教问题被认为是有意考查她；她要回娘家，婆婆特意给她准备些东西捎去，她却认为婆婆有意撵她走。平时，说话办事根本不考虑别人的喜怒哀乐，因此邻里、同事、婆媳之间经常吵架。最终，唯一信任她的丈夫也与之离婚。

1. 王某的心理健康状况怎样？
2. 从心理健康标准的角度分析王某的问题主要出在哪里。

【案例4】某女，55岁，护士。自幼文化课和体育成绩突出。工作和技术比武中处处争强好胜。生活中也处处要强，工作、生活风风火火，天天忙忙碌碌，难得清闲。对女儿的要求也非常严格，从小就给女儿灌输要争第一的思想。当得知自己患了冠心病后，认为自己是得了"文明病"、"富贵病"，比别的病高一等。

1. 试从患者行为特征的角度分析冠心病和个体行为特征有何关系。
2. 针对该女士的病症和行为特点，应制订怎样的临床干预策略？

参考答案及解析

一、名词解释

1. 应激是个体"察觉"各种刺激对其构成威胁时出现的心理、生理整体的反应，其结果可以是适应或适应不良。

2. 应对是个体对生活事件以及因生活事件而出现的自身不平衡状态所采取的认知和行为措施。

3. 心理防御机制是个体为了应对应激状态下的紧张情境，通过潜意识活动，解脱烦恼，减轻内心不安，以恢复情绪平衡与稳定的各种心理策略。

4. 心理健康是指具有正常的认识能力、适宜的情绪体验、健全的人格、正确的自我意识及和谐的人际关系，是个体心理在自身及环境条件许可范围所能达到的最佳功能状态，而不是绝对的十全十美的状态。

5. 心身疾病是指心理社会因素在疾病发生、发展过程中起着重要作用的躯体器质性疾病。

二、填空题

1. 躯体性应激源　心理性应激源　社会性应激源　文化性应激源
2. 焦虑　恐惧　抑郁　愤怒
3. 逃避与回避　敌对与攻击　退化与依赖　无助与自怜
4. 升华　压抑　幽默　理智化　抵消作用
5. C

三、选择题

A₁型题

1. C　解析：A型行为争强好胜，好争执，敏感而缺乏耐心，雄心勃勃，积极工作，而又急躁易怒，具有时间紧迫感和竞争敌对倾向等特征。此类型人易紧张，交感神经易过度兴奋，血压升高。

2. B

3. D　解析：C型人格的人不善于表达自己的感受和疏泄自己的愤怒、怨恨、攻击、敌意、苦闷、悲伤等负性情绪，与他人过分合作，尽量回避各种冲突，原谅一些不该原谅的行为，常自感无所依靠、无能为力而处于情绪低沉、悲观和绝望状态。负性情绪不易发泄，抑制机体的免疫监视功能，常患恶性肿瘤。

4. A

5. A　解析：投射通常是指将自己所不喜欢或不能接受的性格、态度、意念或欲望，转移到别人身上或外部世界去。

6. C

7. B

8. C

9. C　解析：心身反应是指机体在应激状态下所出现的一系列短暂的生理反应，当应激状态解除后，上述变化也随之消失；心身障碍是应激源过强或持续时间过长，加上个体素质因素，反应持续存在，出现了不伴有器质性改变的功能障碍；心身疾病是应激源过强或作用过久，在个体素质基础上，反应持续存在，并伴有组织、器官的器质性变化。

10. C

A₂型题

1. A
2. C
3. C
4. D
5. C
6. C　解析：反向是指个体表现出来的外在行为与内在动机截然相反的心理防御机制。
7. A

A₃型题

1. A
2. E

3. B　解析：溃疡病患者具有工作认真负责、有较强的进取心、有强烈的依赖愿望、易怨恨不满、常常压抑愤怒的易感人格。艾森克人格问卷调查发现溃疡病患者具有内向及神经质特点。

4. B　解析：消化性溃疡的心理治疗主要是支持性心理治疗，通过解释、鼓励与安慰、保证、指导和积极暗示，对患者当前、表面、自己能意识到的问题给予指导、鼓励和安慰，以消除患者的心理问题或情绪困扰；运用认知疗法，以改变患者固定化了的不良认知方式，治疗患者的抑郁或焦虑等情绪障碍；运用生物反馈治疗，训练患者在不用药的情况下，自动减少胃酸的分泌。

5. A　解析：无意识应对是个体为了应对应激状态下的紧张情境，通过潜意识活动，解脱烦恼，减轻内心不安，以恢复情绪平衡与稳定的各种心理策略，是一种潜意识的心理防御机制。患者李某经常吵闹、哭泣是一种心理防御机制。

6. C　解析：退化是当人们遇到挫折时，放弃已经习惯的成人方式，而恢复使用早期幼稚的方式去回避令人烦恼的现实，摆脱痛苦或满足自己的欲望。

四、简答题

1. 心理健康的标准主要包括：正常的智力；健康的情绪；良好的自控力；完善的人格；良好的社会交往能力；良好的社会适应能力；心理行为与年龄特征相符；良好的心理康复能力。

2. 心理应激对健康的影响有：
（1）心理应激对健康的积极影响：适度的心理应激是个体成长和发展的必要条件；适度的心理应激是维持正常心理和生理功能活动的必要条件。
（2）心理应激对健康的消极影响：直接引起生理和心理反应，使人出现身体不适与精神痛苦；与其他因素共同作用引发心身疾病；与其他因素共同作用引发精神疾病；加重已有的精神和躯体疾病。

3. 与原发性高血压有关的心理社会因素及临床干预策略：
（1）心理社会因素：生活事件、人格特征（A型行为、神经质、过度焦虑和抑郁等）、情绪因素。
（2）临床干预策略：在药物等临床治疗的基础上，切实有效的心理治疗对治疗原发性高血压、预防高血压的复发和病情恶化起至关重要的作用。心理治疗包括一般心理支持和行为疗法。

4. 与恶性肿瘤有关的心理社会因素及临床干预策略：
（1）心理社会因素：人格特征（C型人格）；负性情绪；不良生活方式。
（2）临床干预策略：恶性肿瘤患者的心理干预可帮助患者树立起生活的信心，阻止癌细胞的生长和提高机体的免疫功能，延长患者的生命，提高其生存质量。方法有解除疼痛、心理支持、改变认知、放松训练、音乐治疗等。

五、案例分析题

【案例1】
1. 小红经历了整个的应激反应过程。
（1）应激源：母亲的突然离去是强烈的应激源。

(2) 中介机制：①认知评价——小红认为妈妈是她生命的一部分；②应对方式——潜意识中应用否认（不相信妈妈离去的事实）这种心理防御机制；③社会支持——亲戚朋友、同学老师、心理援助队的支持；④个性特征——内向、敏感。

(3) 应激反应：①生理反应——失眠、无力、头晕、食欲缺乏；②心理反应——抑郁（不愿说话、不愿见人、自杀意念）；③行为反应——无助、自怜。

(4) 结果：适应——重返校园，适应了没有妈妈的生活。

2. 应激的本质是适应。

【案例2】

1. 富兰克林主要运用了幽默的心理防御机制。

2. 幽默是指通过幽默的语言或行为来应对紧张、尴尬的局面或间接表达潜意识欲望的心理防御机制。

【案例3】

1. 王某的心理健康状况不佳。

2. 从心理健康标准的角度来看，王某的社会交往能力和社会适应能力较差。心理健康者应具有较强的交往能力，能尊敬、信任、关心和宽容他人，具有强大而有效的社会支持系统，并能正确地认识与接纳自我，能对自我进行自觉控制，主动适应现实，保持心理的平衡与协调。王某却不具备这些特点。

【案例4】

1. 该冠心病患者的行为特征为A型行为类型。A型行为者往往争强好胜，好争执，敏感而缺乏耐心，雄心勃勃，积极工作，而又急躁易怒，具有时间紧迫感和竞争敌对倾向等特征。A型行为者冠心病总发生率比其他行为类型者要高得多。

2. 在药物等临床治疗的基础上可选用有针对性的心理治疗及护理。①矫正A型行为；②进行心理支持；③通过认知疗法、放松训练等方法，配合生物反馈法及音乐疗法进行治疗；④矫正不良行为，如对肥胖及嗜咸食等不良行为进行矫正。

实训二　压力与应对

一、目的

应对作为应激与健康的中介机制，对心身健康的保护起着重要的作用。有研究发现，个体在高应激状态下，如果缺乏社会支持和良好的应对方式，则心理损害的危险度可达43.3%，为普通人群危险度的2倍。本实训目的在于研究被试者在面对生活事件时，采用应付方式的特点，提高被试者的应对能力。

二、内容与方法

1. 准备

(1) 学生准备：明确目的，具备有关应对的理论知识。

(2) 用物准备：应付方式问卷。

(3) 环境准备：安静，室温适中，独立操作，无旁观。

2. 实施　按照测试指导进行个体测试。

3. 评价

(1) 按照问卷后的评分标准进行评定与结果分析。

(2) 评价自己的应对方式,写出调查分析报告。

应对方式问卷

该量表包括62个条目,分为6个因子。

1. 退避　指逃避问题。
2. 幻想　指用想象中的美好来安慰自己。
3. 自责　指责备自己,认为是自己的错。
4. 求助　指请别人来帮助自己。
5. 合理化　指为自己的行为找一个理由,以便减轻自己的痛苦。
6. 解决问题　指积极着手解决遇到的问题。

上述6个因子对应了6种常见的应对方式。其中前3个属于不成熟的应对方式;"求助"和"解决问题"属于比较成熟的应对方式;"合理化"属于混合型,既有积极的一面,也有消极的一面。该量表为自陈式评定量表,评定的时间范围是被试者近2年来的情况,每个条目有"是"和"否"两个选项。适用于文化程度在初中以上的、年龄在14岁以上的个体,包括各种心理障碍患者。

(一) 问卷

姓名_____性别_____年龄_____文化_____职业_____

籍贯_____住址_____编号_____

测试指导:此表每个条目有两个选项,即"是"和"否"。请您根据自己的情况在每一个条目后选一个选项,如果选择"是",则请继续对后面的"有效"、"比较有效"、"无效"做出评估。在每一行的○里打√,表示您的选择。

测试题目	是	否	有效	比较有效	无效
1. 能理智地应付困境。	○	○	○	○	○
2. 善于从实践中吸取经验。	○	○	○	○	○
3. 制订一些克服困难的计划并按计划去做。	○	○	○	○	○
4. 常希望自己已经解决了面临的困难。	○	○	○	○	○
5. 对自己取得成功的能力充满了信心。	○	○	○	○	○
6. 认为"人生经历就是磨难"。	○	○	○	○	○
7. 常感到生活的艰难。	○	○	○	○	○
8. 专心于工作或学习以忘却不快。	○	○	○	○	○
9. 常认为"生死有命,富贵在天"。	○	○	○	○	○
10. 常常喜欢找人聊天以减轻烦恼。	○	○	○	○	○
11. 别人帮助自己克服困难。	○	○	○	○	○
12. 常只按自己想的做而不考虑其他人的想法。	○	○	○	○	○
13. 不愿过多思考影响自己的情绪的问题。	○	○	○	○	○
14. 投身其他社会活动,寻找新寄托。	○	○	○	○	○
15. 常自暴自弃。	○	○	○	○	○

16. 常以无所谓的态度来掩饰内心感受。	○	○	○	○	○
17. 常想"这不是真的就好了"。	○	○	○	○	○
18. 认为自己的失败多系外因所致。	○	○	○	○	○
19. 对困难采取等待观望任其发展的态度。	○	○	○	○	○
20. 与人冲突，常是对方性格怪异引起。	○	○	○	○	○
21. 向引起问题的人和事发脾气。	○	○	○	○	○
22. 常幻想自己有克服困难的超人本领。	○	○	○	○	○
23. 常自我责备。	○	○	○	○	○
24. 常用睡觉的方式逃避痛苦。	○	○	○	○	○
25. 常借娱乐活动来消除烦恼。	○	○	○	○	○
26. 常爱想些高兴的事自我安慰。	○	○	○	○	○
27. 避开困难以求心中安宁。	○	○	○	○	○
28. 为不能回避困难而懊恼。	○	○	○	○	○
29. 常用两种以上的办法解决困难。	○	○	○	○	○
30. 常认为没有必要那么费力去争成功。	○	○	○	○	○
31. 努力去改变现状，使情况向好的一面转化。	○	○	○	○	○
32. 借烟或酒消愁。	○	○	○	○	○
33. 常责怪他人。	○	○	○	○	○
34. 对困难常采用回避的态度。	○	○	○	○	○
35. 认为"退后一步自然宽"。	○	○	○	○	○
36. 把不愉快的事埋在心里。	○	○	○	○	○
37. 常自卑自怜。	○	○	○	○	○
38. 常认为这是生活对自己不公平的表现。	○	○	○	○	○
39. 常压抑内心的愤怒与不满。	○	○	○	○	○
40. 吸取自己或他人的经验去应付困难。	○	○	○	○	○
41. 常不相信那些对自己不利的事。	○	○	○	○	○
42. 为了自尊，常不愿让人知道自己的遭遇。	○	○	○	○	○
43. 常与同事、朋友一起讨论解决问题的办法。	○	○	○	○	○
44. 常告诫自己"能忍者自安"。	○	○	○	○	○
45. 常祈祷神灵保佑。	○	○	○	○	○
46. 常用幽默或玩笑的方式缓解冲突或不快。	○	○	○	○	○
47. 自己能力有限，只有忍耐。	○	○	○	○	○
48. 常怪自己没出息。	○	○	○	○	○
49. 常爱幻想一些不现实的事来消除烦恼。	○	○	○	○	○
50. 常抱怨自己无能。	○	○	○	○	○
51. 常能看到坏事中有好的一面。	○	○	○	○	○
52. 自感挫折是对自己的考验。	○	○	○	○	○
53. 向有经验的亲友、师长求教解决问题的方法。	○	○	○	○	○
54. 平心静气、淡化烦恼。	○	○	○	○	○
55. 努力寻找解决问题的办法。	○	○	○	○	○

56. 选择职业不当，是自己常遇挫折的主要原因。 ○ ○ ○ ○
57. 总怪自己不好。 ○ ○ ○ ○
58. 经常看破红尘，不在乎自己的不幸遭遇。 ○ ○ ○ ○
59. 常自感运气不好。 ○ ○ ○ ○
60. 向他人诉说心中的烦恼。 ○ ○ ○ ○
61. 常自感无所作为而任其自然。 ○ ○ ○ ○
62. 寻求别人的理解和同情。 ○ ○ ○ ○

（二）计分评定

1. 分量表计分方法　"应付方式问卷"有6个分量表，每个分量表由若干个条目组成，每个条目只有两个选项，即"是"和"否"。计分分两种情况。

（1）各个分量表的计分均选择"是"，计"1"分，选择"否"，计"0"分（每个条目选项后的单个应对方式的有效评估仅供实用性应付行为指导研究用）。将每个项目得分相加，即得该分量表的量表分。

（2）在"解决问题"分量表中，条目19；在"求助"分量表中，条目36、39和42，选择"否"计"1"分，选择"是"计"0"分。

	分量表	分量表条目构成编号
1	解决问题	1，2，3，5，8，−19，29，31，40，46，51，55
2	自责	15，23，25，37，39，48，50，56，57，59
3	求助	10，11，14，−36，−39，−42，43，53，60，62
4	幻想	4，12，17，21，22，26，28，41，45，49
5	退避	7，13，16，19，24，27，32，34，35，44，47
6	合理化	6，9，18，20，30，33，38，52，54，58，61

2. 计算各分量表的因子分　因子分计算方法如下：

分量表因子分＝分量表单项条目分之和/分量表条目数

（三）结果解释

应对因子间的相关分析发现"解决问题"与"退避"两应对因子的负相关程度最高。以此作为6个应对因子关系序列的两极，然后根据各因子与"解决问题"应对因子相关系数的大小排序，可将6个应对因子排出下列关系序列：

退避──→幻想──→自责──→求助──→合理化──→解决问题

如果以"解决问题"标识成熟的应对方式，"求助"与"合理化"因与"解决问题"呈正相关，也归为成熟应对方式类，而与"解决问题"相反的"退避"表示不成熟的应对方式。研究结果发现，个体应对方式的使用一般都在一种以上，但每个人的应对行为类型具有一定的倾向性，这种倾向性构成了六种应对方式在个体身上的不同组合形式。这些不同形式的组合可解释为：

（1）"解决问题—求助"，成熟型。这类被试者在面对应激事件或环境时，常能采取"解决问题"和"求助"等成熟的应对方式，而较少使用"退避"、"自责"和"幻想"等不成熟的应对方式，在生活中表现出一种成熟稳定的人格特征和行为方式。

（2）"退避—自责"，不成熟型。这类被试者在生活中常以"退避"、"自责"和"幻想"

等应对方式应付困难和挫折，而较少使用"解决问题"这类积极的应对方式，表现出一种神经症性的人格特征，其情绪和行为均缺乏稳定性。

（3）"合理化"，混合型。"合理化"应对因子既与"解决问题"、"求助"等成熟应对因子呈正相关，也与"退避"、"幻想"等不成熟应对因子呈正相关，反映出这类被试者集成熟与不成熟的应对方式于一体，在应对行为上表现出一种矛盾的心态和两面性的人格特点。

（四）应用评价

1. 信度、效度检验　本量表的信度和效度都比较高。

2. 应用价值　可以作为不同群体的应对行为研究的标准化工具之一；有助于为心理健康工作提供依据；为不同专业领域选拔及培养人才提供帮助；为心理治疗和康复治疗提供指导；为提高和改善人的应对水平提供帮助。

（贺　斌）

第五章 心理评估

重点与难点解析

一、心理评估的概念

心理评估就是应用心理学的理论和方法，对个体某一种心理现象进行系统、全面、深入的客观描述。

二、心理评估的方法

心理评估的方法有观察法、访谈法和心理测验法。

三、心理测验的概念

在标准的情境下，对个人行为样本进行客观分析和描述的一类方法称为心理测验。

四、标准化心理测验的基本条件

1. 常模　是指某种心理测验在某一人群中测查结果的标准量数，即提供一个可比较的标准。

2. 信度　又称可靠度，指的是测量的一致性程度。主要包括：重测信度、分半信度和正副本相关。

3. 效度　指测验结果的有效性、正确性，即某种测验是否测查到所要测查的内容，在何种程度上测查了所要测查的内容。主要包括：内容关联效度、效标关联效度和结构关联效度。

五、常用心理测验

1. 智力测验

（1）智商（IQ）：是智力测验结果的量化单位，是衡量个体智力发展水平的一种指标。智商的计算方法有如下两种。①比率智商：计算方法是 $IQ=MA/CA \times 100$（MA 为智龄，CA 为实龄），它有一定的局限性；②离差智商：计算公式是 $IQ=15(X-M)/SD+100$（X 为实得分数，M 为所在年龄组的平均分数，SD 为该组分数的标准差），离差智商克服了比率智商计算受年龄限制的缺点，已成为通用的智商计算方法。

（2）常用智力测验量表：有比奈量表和韦氏量表。临床中应用最多的是韦氏量表。

2. 人格测验

（1）艾森克人格问卷（EPQ）：由英国心理学家艾森克夫妇共同编制。适用于 16 岁以上的成人，儿童问卷适用于 7～15 岁的儿童，均由 88 个项目构成。EPQ 由三个人格维度和一个效度量表组成。三个人格维度分别为：E 量表（外向—内向）；N 量表（神经质）；P 量表

（精神质）。

（2）明尼苏达多项人格调查表（MMPI）：共包括566个自我报告形式的题目，MMPI常用4个效度量表（包括疑问、说谎、诈病、校正）和10个临床量表（包括疑病、抑郁、癔症、精神病态、性向、偏执、精神衰弱、精神分裂、轻躁狂、社会内向）。其人格测验应用广泛，主要用于病理心理研究和协助临床诊断。

（3）卡特尔16种人格因素问卷（16PF）：适用于16岁以上的成年人，由187个题目构成，可对人的16种人格特质进行测量。

3. 评定量表

（1）症状评定量表（SCL-90）：由90个项目组成，包含了10个因子，分别为躯体化、强迫、人际敏感、抑郁、焦虑、敌意、恐怖、妄想、精神病性、附加项（主要反映睡眠和饮食情况）。其测验的结果可以初步反映被试者有无各种心理症状及其严重程度。

（2）抑郁自评量表（SDS）：由20个评定项目组成，能全面、准确、迅速地反映被试者抑郁状态的有关症状及其严重程度和变化情况。

（3）焦虑自评量表（SAS）：由20个评定项目组成，能全面、准确、迅速地反映被试者焦虑状态的有关症状及其严重程度和变化情况。

习　题

一、名词解释

1. 心理评估
2. 心理测验
3. 常模
4. 效度
5. 智商

二、填空题

1. 心理评估的实施原则是_____、_____。
2. 心理评估的主要方法有_____、_____、_____。
3. 访谈法的主要方式有_____、_____、_____。
4. 标准化心理测验的基本条件应包括_____、_____、_____。
5. 心理测验按其功能可分为智力测验、人格测验、神经心理测验、_____、_____。
6. 艾森克人格问卷由神经质、内外向和_____三个人格维度与一个效度量表组成。
7. 临床工作中，MMPI常用_____个效度量表和_____个临床量表。

三、选择题

A_1型题

1. **不属于心理评估常用方法的是**
　A. 观察法
　B. 心理测验法
　C. 访谈法
　D. 调查法

E. 实验法
2. 下列哪项**不符合**访谈法的含义
   A. 有目的的会话
   B. 在接见者和来访者之间进行
   C. 随便聊天为了沟通双方的感情
   D. 心理咨询与治疗的一种技术
   E. 为了沟通双方的感情
3. 在临床访谈中进行语词沟通时医生一般是
   A. 快速做笔记
   B. 重点做笔记
   C. 随意做笔记
   D. 不用做笔记
   E. 指导患者做笔记
4. 非结构式访谈的优点是
   A. 需要的时间比较少
   B. 访谈比较容易把握
   C. 有一定的重点和方向
   D. 容易吐露内心的真实感受
   E. 访谈内容可以量化
5. 下列哪项**不是**标准化心理测验的基本特征
   A. 标准程序
   B. 常模
   C. 大样本
   D. 信度
   E. 效度
6. 离差智商适用于
   A. 16岁以上成人
   B. 18岁以上成人
   C. 20岁以上成人
   D. 25岁以上成人
   E. 任何年龄
7. 一个心理测验或量表的可靠程度称为
   A. 标准度
   B. 灵敏度
   C. 精确度
   D. 信度
   E. 效度
8. 在标准化心理测验中是否测查到所要测查内容的技术指标是
   A. 效度
   B. 精确度
   C. 信度
   D. 灵敏度
   E. 标准度
9. 比率智商年龄适用范围在
   A. 5岁或7岁以内
   B. 8岁或10岁以内
   C. 12岁或14岁以内
   D. 15岁或16岁以内
   E. 17岁或18岁以内
10. 某儿童韦氏智力测验总智商为50，表示该儿童属于
    A. 轻度智力缺损
    B. 中度智力缺损
    C. 重度智力缺损
    D. 极重度智力缺损
    E. 边缘智力
11. 比率智商计算方法是
    A. IQ＝（CA/MA）×100
    B. IQ＝（MA/CA）×100
    C. IQ＝（CA/MA）×100%
    D. IQ＝（MA/CA）×100%
    E. IQ＝（CA/MA）/100
12. 按韦氏智力量表划分标准，边缘智力是指智商在
    A. 110～119
    B. 90～109
    C. 80～89
    D. 70～79
    E. 55～69
13. 韦氏成人智力量表适用于
    A. 16岁以上的成人
    B. 17岁以上的成人
    C. 18岁以上的成人
    D. 19岁以上的成人
    E. 20岁以上的成人
14. MMPI原量表共有多少个项目
    A. 500个

B. 100个
C. 566个
D. 600个
E. 186个

15. 某患者易焦虑抑郁，过分敏感，遇挫折有较强烈的情绪反应，如要求填写艾森克人格问卷，其结果可能性最大的是
    A. E分低
    B. L分低
    C. N分高
    D. P分高
    E. N分低

16. 卡特尔人格因素测验将人格根源特征分为多少种
    A. 8种
    B. 10种
    C. 12种
    D. 16种
    E. 14种

17. 属于症状评定量表的一项是
    A. SCL-90
    B. 16PF
    C. MMPI
    D. EPQ
    E. CPI

18. SAS评估以下什么内容
    A. 智力水平
    B. 人格特征
    C. 焦虑症状
    D. 抑郁症状
    E. 心理症状

19. SDS评估以下什么内容
    A. 智力水平
    B. 人格特征
    C. 焦虑症状
    D. 抑郁症状
    E. 心理症状

20. 关于SDS，下述哪一项是**错误**的
    A. 有20个项目

    B. 使用简便
    C. 有10个反向项目
    D. 分三级评分
    E. 抑郁量表

21. 关于SAS，下述哪一项是**错误**的
    A. 有20个项目
    B. 使用简便
    C. 焦虑量表
    D. 分四级评分
    E. 有10个反向项目

A₂型题

1. 一位患者的个性特征表现为孤独、缺乏同情心、不关心他人、喜欢干奇特的事、难以适应环境。若医生要这位患者填写艾森克人格问卷，其结果可能性最大的是
   A. E分低
   B. N分高
   C. P分高
   D. L分低
   E. E分高

2. 一位27岁的女青年因丧失兴趣、情绪低落、想哭泣、感到前途无望，有自杀的想法，伴有睡眠障碍，并对自己的身体过分关心而来到心理门诊求医。如果需给她作临床评定，应考虑选用的量表是
   A. WAIS-RC
   B. MMPI
   C. SAS
   D. SDS
   E. H.R神经心理成套测验

3. 某患者最近一段时间经常失眠、心情低落、做事情没有兴趣，甚至觉得活着没意思，就诊时SDS测试结果标准分为68分，该患者的抑郁程度属于
   A. 无抑郁症状
   B. 轻度抑郁
   C. 中度抑郁

D. 重度抑郁
E. 极重度抑郁
4. 某患者最近一段时间经常胸闷、心悸，无故地心情不好、烦躁、担忧、容易发脾气等，就诊时 SAS 测试结果标准分为 71 分，该患者的焦虑程度属于
A. 无焦虑症状
B. 轻度焦虑
C. 中度焦虑
D. 重度焦虑
E. 极重度焦虑

四、简答题

1. 简述心理评估的主要功能。
2. 简述访谈法的技巧和策略。
3. 标准化心理测验应具备哪些基本特征？
4. 临床工作中，常用心理测验有哪些种类？

五、案例分析题

某男，45 岁，因头痛、胸闷、心慌、胃部不适、失眠等症状前来就诊，经过各项仪器和实验室检查均未见异常，建议进行 SCL-90 测验。测验结果为：总分——176，阳性项目数——50，阳性症状均分——2.75；阳性项目因子为：躯体化——2.84，抑郁——3.3，焦虑——3.15，偏执——2.1。

根据该测验结果分析患者的心理状态。

参考答案及解析

一、名词解释

1. 心理评估是应用心理学的理论和方法，对个体某一种心理现象进行系统、全面、深入的客观描述。
2. 心理测验是指在标准的情境下，对个人行为样本进行客观分析和描述的一类方法。
3. 常模是指某种心理测验在某一人群中测查结果的标准量数，即提供一个可比较的标准。
4. 效度是指测验结果的有效性、正确性，即某种测验是否测查到所要测查的内容，在何种程度上测查了所要测查的内容。
5. 智商是智力测验结果的量化单位，用于衡量个体智力发展水平的一种指标。

二、填空题

1. 动态性原则　综合性原则
2. 观察法　访谈法　心理测验法
3. 结构式访谈　非结构式访谈　半结构式访谈
4. 常模　信度　效度
5. 症状评定　职业咨询测验

6. 精神质

7. 4 10

三、选择题

A₁型题

1. E

2. C

3. B

4. D 解析：非结构式访谈的内容和过程比较灵活，不固定问题的格式和顺序，访谈的气氛轻松，来访者容易吐露自己内心的真实感受。

5. C 解析：只有样本具有代表性才是建立正确常模的关键，大样本不一定具有代表性。

6. E 解析：离差智商克服了比率智商计算受年龄限制的缺点，已成为通用的智商计算方法。

7. D 解析：信度又称可靠度，指的是测量的一致性程度。

8. A 解析：效度指测验结果的有效性、正确性，即某种测验是否测查到所要测查的内容，在何种程度上测查了所要测查的内容。

9. D 解析：比率智商不能应用于实龄为16岁以上的成人。这是因为人们的实际年龄与年俱增，而智力年龄并不与年俱增。

10. B 解析：按韦氏智力量表划分标准，智商在40～54属于中度智力缺损。

11. B 解析：比率智商计算方法是 $IQ=(MA/CA)\times 100$。公式中MA为智龄，指智力所达到的年龄水平，即在智力测验中取得的成绩；CA为实龄，指测验时的实际年龄；设定MA与CA相等时IQ为100。

12. D

13. A

14. C

15. C 解析：N量表测试情绪稳定性。分数高表示焦虑、忧心忡忡、常郁郁不乐，有较强烈的情绪反应，甚至出现不够理智的行为。

16. D

17. A 解析：通过症状评定量表（SCL-90）的测验结果可以初步反映被试者有无各种心理症状及其严重程度。

18. C 解析：SAS为焦虑自评量表的英文缩写，用来反映被试者焦虑状态的有关症状及其严重程度和变化。

19. D 解析：SDS为抑郁自评量表的英文缩写，用来反映被试者抑郁状态的有关症状及其严重程度和变化。

20. D 解析：SDS分四级评分。

21. E 解析：SAS有5个反向项目。

A₂型题

1. C 解析：EPQ中P量表表示精神质但并非指精神病，它在所有人身上都存在，只是程度不同。但如某人表现出明显高分，说明此人可能会孤独，不关心他人，难以适应外部环境，不近人情，与别人不友好，喜欢寻衅搅扰，喜欢干奇特的事情，并且不顾危险等。

2. D　解析：该女青年主要表现出一定的抑郁情绪，所以需要选用SDS测评抑郁程度。

3. C　解析：SDS测试结果标准分在60～69分为中度抑郁。

4. D　解析：SAS测试结果标准分在70分以上为重度焦虑。

四、简答题

1. 心理评估的主要功能有：

（1）通过评估单独或协助做出心理或医学诊断。

（2）指导制订心理障碍或医学疾病的防治措施，估计心理障碍或医学疾病的预后。

（3）作为判断心理咨询和心理治疗效果的指标。

（4）为司法鉴定提供必要的依据。

（5）预测个体未来成就，并作为人力资源部门选拔人才的方法。

（6）作为医护心理学研究的一种重要手段和方法。

2. 访谈法的技巧和策略有：

（1）建立良好的信任关系：访谈者要努力营造一个融洽的氛围，使来访者感到交谈是安全和被尊重、理解的。

（2）耐心倾听：在访谈中访谈者耐心、专注和诚恳地倾听是决定访谈成效的关键。

（3）敏锐提问：因人而异采用适当的提问方式，以获取较多的正确信息。

（4）避免偏离主题：围绕访谈主题展开交谈，避免访谈者和来访者之间毫无目的、漫无边际地交谈。

（5）记录：访谈中一般不做笔记，可根据实际情况记录最关键的要点，但要先征得对方同意。

3. 标准化心理测验应具备的基本特征有：

（1）常模：指某种心理测验在某一人群中测查结果的标准量数，即提供一个可比较的标准。某个人在某项测验中的结果只有与这一标准比较，才能确定测验结果的实际意义。

（2）信度：指测量的一致性程度。一个好的测量工具必须稳定可靠，即多次测量的结果要保持一致，否则便不可信。

（3）效度：指测验结果的有效性、正确性。即某种测验是否测查到所要测查的内容，在何种程度上测查了所要测查的内容。

4. 临床工作中，常用心理测验可分为能力测验、人格测验、神经心理测验、症状评定和职业咨询测验五种类型。

五、案例分析题

测验结果显示该患者存在较严重的抑郁和焦虑情绪，个性中存在一定的偏执倾向，会导致增加自己的病情严重程度，增加无谓的烦恼，从而造成躯体化的一些症状，建议做进一步检测，同时关注患者的心理问题。

（侯雪艳）

实训三 收集心理社会资料

一、目的

获取患者的心理社会资料。

二、内容与方法

1. 评估

(1) 评估患者的病情。

(2) 评估患者的意识情况、理解能力和表达能力。

2. 计划

(1) 护士准备：心理准备——调节情绪、态度和蔼。

　　　　　　　形象准备——衣着整齐、仪态端庄。

　　　　　　　内容准备——明确目的、确定内容。

(2) 患者准备：躯体舒适、心情舒畅。

(3) 环境准备：安全、安静、光线适中。

3. 实施

(1) 收集患者的一般资料：年龄、性别、民族、文化程度、信仰、婚姻状况、职业环境、生活习惯、嗜好。

(2) 收集患者的主观资料：患者对疾病的主观理解和态度，对疾病的应对能力，患者的认知能力、情绪状况及行为能力，社会支持系统及对其的利用。

(3) 收集患者的客观资料：护士通过体检评估患者生理状况，患者的睡眠、饮食及性功能方面有无改变，与心理负担的关系。

(4) 与患者保持适当的目光接触。

(5) 采用开放式提问，鼓励患者叙述。

(6) 积极倾听。

(7) 简单小结，核对或再确认交谈的主要信息。

(8) 记录有关资料。

4. 评价

(1) 资料内容全面、真实。

(2) 获取信息有效。

(3) 维护患者的隐私权与知情权。

(4) 用通俗语言解释与疾病相关的专业名词。

三、考核

学生以小组为单位，以案例为载体，进行角色扮演。小组成员共同学习、相互合作，考核结果小组成员得分相同。

收集心理社会资料实践考核表

班级：		学号：	姓名：	得分：	
项目总分	项目		考核内容	分值	扣分	说明
12	评估	护士要求	尊称患者、自我介绍	2		
			确认患者、解释	2		
		评估内容	患者的病情、意识情况、理解能力和表达能力	4		
			患者的心理社会支持系统	4		
8	计划（准备）	护士	调节情绪、态度和蔼，明确目的、确定内容，衣着整齐、仪态端庄	4		
		环境	安全、安静、光线适中	1		
		患者	理解、合作、有安全感	1		
			身体舒适、心情舒畅	2		
65	实施	内容与方法	收集患者的一般资料	5		
			收集患者的主观资料	6		
			收集患者的客观资料	6		
			与患者保持适当的目光接触	5		
			开放式提问	8		
			倾听	8		
			鼓励患者叙述	8		
			简单小结	5		
			核对或再确认交谈的主要信息	5		
		记录	记录信息资料	3		
			记录患者反应	3		
			记录交谈时间	3		
15	评价	护士素质	着装整洁、仪表大方、举止端庄、面带微笑	2		
			尊重患者、解释耐心、语气柔和恰当、态度和蔼可亲	2		
		实施	内容全面、方法正确	3		
		护理效果	患者配合、满意	4		
		护患沟通	有效，患者积极配合	4		
100				100		

（王凤荣）

实训四 SCL-90 测验

一、目的

SCL-90 测验的目的是从感觉、情感、思维、意识、行为直到生活习惯、人际关系、饮食睡眠等多个角度,评定一个人是否有某种心理症状及其严重程度。通过对问卷的操作,使学生掌握具体施测步骤及结果分析的方法,为将来在护理工作中的运用奠定基础。同时通过自测,也使学生更好地了解自己的心理健康状况。

二、内容与方法

1. 准备

(1) 学生准备:明确目的、确定内容。

(2) 用物准备:电脑及网络版 SCL-90 测验软件或纸质 SCL-90 测验问卷;SCL-90 测验问卷指导手册。

(3) 环境准备:安静、室温适中、独立操作、无旁观。

2. 实施

(1) 介绍量表。

(2) 具体操作:

1) 手工操作:手工操作是常用方法。被试者根据问卷上的问题,在答卷上逐条作答。

2) 上机操作:被试者可阅读电脑屏幕上显示的指导语,然后根据各项问题,依次选择相应的答案。

(3) 测验的计分与结果解释。

3. 评价

(1) 量表施测全过程的操作方法的掌握情况。

(2) 结果分析方法的掌握情况。

(3) 评价自己的心理健康情况,并写出调查分析报告。

90 项症状自评量表 (SCL-90)

指导语:下面有 90 条测验项目,列出了有些人可能会有的问题,请仔细阅读每一条,然后根据最近一周以内您的实际感觉,选择适合的答案,请不要漏掉问题。

SCL-90 的每一个项目均采用 5 级评分制,具体如下:

1 没有:自觉无该项症状(问题);2 很轻:自觉有该项症状,但对被试者并无实际影响,或者影响轻微;3 中度:自觉有该项症状,对被试者有一定影响;4 偏重:自觉有该项症状,对被试者有相当程度的影响;5 严重:自觉该症状的频度和强度都十分严重,对被试者的影响严重。

项 目	选 择
1. 头痛。	1-2-3-4-5
2. 神经过敏,心中不踏实。	1-2-3-4-5
3. 头脑中有不必要的思想或字句盘旋。	1-2-3-4-5

4. 头昏或昏倒。	1-2-3-4-5
5. 对异性的兴趣减退。	1-2-3-4-5
6. 对旁人责备求全。	1-2-3-4-5
7. 感到别人能控制您的思想。	1-2-3-4-5
8. 责怪别人制造麻烦。	1-2-3-4-5
9. 忘性大。	1-2-3-4-5
10. 担心自己的衣饰不整齐及仪态不端正。	1-2-3-4-5
11. 容易烦恼和激动。	1-2-3-4-5
12. 胸痛。	1-2-3-4-5
13. 害怕空旷的场所或街道。	1-2-3-4-5
14. 感到自己的精力下降，活动减慢。	1-2-3-4-5
15. 想结束自己的生命。	1-2-3-4-5
16. 听到旁人听不到的声音。	1-2-3-4-5
17. 发抖。	1-2-3-4-5
18. 感到大多数人都不可信任。	1-2-3-4-5
19. 胃口不好。	1-2-3-4-5
20. 容易哭泣。	1-2-3-4-5
21. 同异性相处时感到害羞、不自在。	1-2-3-4-5
22. 感到受骗、中了圈套或有人想抓住您。	1-2-3-4-5
23. 无缘无故地突然感到害怕。	1-2-3-4-5
24. 自己不能控制地大发脾气。	1-2-3-4-5
25. 怕单独出门。	1-2-3-4-5
26. 经常责怪自己。	1-2-3-4-5
27. 腰痛。	1-2-3-4-5
28. 感到难以完成任务。	1-2-3-4-5
29. 感到孤独。	1-2-3-4-5
30. 感到苦闷。	1-2-3-4-5
31. 过分担忧。	1-2-3-4-5
32. 对事物不感兴趣。	1-2-3-4-5
33. 感到害怕。	1-2-3-4-5
34. 您的感情容易受到伤害。	1-2-3-4-5
35. 旁人能知道您的私下想法。	1-2-3-4-5
36. 感到别人不理解您，不同情您。	1-2-3-4-5
37. 感到人们对您不友好，不喜欢您。	1-2-3-4-5
38. 做事必须做得很慢以保证做得正确。	1-2-3-4-5
39. 心跳得很厉害。	1-2-3-4-5
40. 恶心和胃部不舒服。	1-2-3-4-5
41. 感到比不上他人。	1-2-3-4-5
42. 肌肉酸痛。	1-2-3-4-5
43. 感到有人在监视您，谈论您。	1-2-3-4-5

44. 难以入睡。	1 - 2 - 3 - 4 - 5
45. 做事必须反复检查。	1 - 2 - 3 - 4 - 5
46. 难以做出决定。	1 - 2 - 3 - 4 - 5
47. 怕乘电车、公共汽车、地铁或火车。	1 - 2 - 3 - 4 - 5
48. 呼吸有困难。	1 - 2 - 3 - 4 - 5
49. 一阵阵发冷或发热。	1 - 2 - 3 - 4 - 5
50. 因为感到害怕而避开某些东西、场合或活动。	1 - 2 - 3 - 4 - 5
51. 脑子变空了。	1 - 2 - 3 - 4 - 5
52. 身体发麻或刺痛。	1 - 2 - 3 - 4 - 5
53. 喉咙有梗塞感。	1 - 2 - 3 - 4 - 5
54. 感到前途没有希望。	1 - 2 - 3 - 4 - 5
55. 不能集中注意力。	1 - 2 - 3 - 4 - 5
56. 感到身体的某一部分软弱无力。	1 - 2 - 3 - 4 - 5
57. 感到紧张或容易紧张。	1 - 2 - 3 - 4 - 5
58. 感到手或脚发重。	1 - 2 - 3 - 4 - 5
59. 想到死亡的事。	1 - 2 - 3 - 4 - 5
60. 吃得太多。	1 - 2 - 3 - 4 - 5
61. 当别人看着您或谈论您时感到不自在。	1 - 2 - 3 - 4 - 5
62. 有一些不属于您自己的思想。	1 - 2 - 3 - 4 - 5
63. 有想打人或伤害他人的冲动。	1 - 2 - 3 - 4 - 5
64. 醒得太早。	1 - 2 - 3 - 4 - 5
65. 必须反复洗手、点数目或触摸某些东西。	1 - 2 - 3 - 4 - 5
66. 睡得不稳不深。	1 - 2 - 3 - 4 - 5
67. 有想摔坏或破坏东西的冲动。	1 - 2 - 3 - 4 - 5
68. 有一些别人没有的想法或念头。	1 - 2 - 3 - 4 - 5
69. 感到对别人神经过敏。	1 - 2 - 3 - 4 - 5
70. 在商店或电影院等人多的地方感到不自在。	1 - 2 - 3 - 4 - 5
71. 感到任何事情都很困难。	1 - 2 - 3 - 4 - 5
72. 一阵阵恐惧或惊恐。	1 - 2 - 3 - 4 - 5
73. 感到在公共场合吃东西很不舒服。	1 - 2 - 3 - 4 - 5
74. 经常与人争论。	1 - 2 - 3 - 4 - 5
75. 单独一人时神经很紧张。	1 - 2 - 3 - 4 - 5
76. 别人对您的成绩没有做出恰当的评价。	1 - 2 - 3 - 4 - 5
77. 即便和别人在一起也感到孤单。	1 - 2 - 3 - 4 - 5
78. 感到坐立不安、心神不定。	1 - 2 - 3 - 4 - 5
79. 感到自己没有什么价值。	1 - 2 - 3 - 4 - 5
80. 感到熟悉的东西变得陌生或不像是真的。	1 - 2 - 3 - 4 - 5
81. 大叫或摔东西。	1 - 2 - 3 - 4 - 5
82. 害怕会在公共场所昏倒。	1 - 2 - 3 - 4 - 5
83. 感到别人想占您的便宜。	1 - 2 - 3 - 4 - 5

84. 为一些有关"性"的想法而很苦恼。　　　　　　　　1-2-3-4-5
85. 您认为应该因为自己的过错而受到惩罚。　　　　　1-2-3-4-5
86. 感到要赶快把事情做完。　　　　　　　　　　　　1-2-3-4-5
87. 感到自己的身体有严重的问题。　　　　　　　　　1-2-3-4-5
88. 从未感到和其他人很亲近。　　　　　　　　　　　1-2-3-4-5
89. 感到自己有罪。　　　　　　　　　　　　　　　　1-2-3-4-5
90. 感到自己的脑子有毛病。　　　　　　　　　　　　1-2-3-4-5

参考标准：总分超过160分，或阳性项目数超过43项，或任一因子分超过2分，可考虑筛查阳性，需进一步检查。

统计指标及计算方法：

1. 总分　90个项目单项分相加之和，能反映其病情严重程度。

2. 总均分　总分/90，表示从总体情况看，该被试者的自我感觉位于1~5级之间的哪一个分值程度上。

3. 阳性项目数　单项分≥2的项目数，表示被试者在多少个项目上呈现"病状"。

4. 阴性项目数　单项分=1的项目数，表示被试者"无症状"的项目有多少。

5. 阳性症状均分　（总分－阴性项目数）/阳性项目数，表示被试者在"有症状"项目中的平均得分。反映被试者自我感觉不佳的项目，其严重程度究竟介于哪个范围。

6. 因子分　组成某一因子的各项目总分/组成某一因子的项目数。

SCL-90包括10个因子，每一个因子反映出个体某方面的症状情况，通过因子分可了解症状分布特点。10个因子的含义及所包含项目为：

1. 躯体化　包括1、4、12、27、40、42、48、49、52、53、56、58项共12项。该因子主要反映身体不适感，包括心血管、胃肠道、呼吸和其他系统的主诉不适和头痛、背痛、肌肉酸痛，以及焦虑的其他躯体表现。

2. 强迫症状　包括3、9、10、28、38、45、46、51、55、65项共10项。主要指那些明知没有必要，但又无法摆脱的无意义的思想、冲动和行为，还有一些比较一般的认知障碍的行为征象也在这一因子中反映。

3. 人际关系敏感　包括6、21、34、36、37、41、61、69、73项共9项。主要指某些个人不自在与自卑感，特别是与其他人相比较时更加突出。在人际交往中的自卑感、心神不安、明显不自在，以及人际交流中的消极的期待亦是这方面症状的典型原因。

4. 抑郁　包括5、14、15、20、22、26、29、30、31、32、54、71、79项共13项。苦闷的情感与心境为代表性症状，还以生活兴趣的减退、动力缺乏、活力丧失等为特征。还反映失望、悲观以及与抑郁相联系的认知和躯体方面的感受，另外，还包括有关死亡的思想和自杀观念。

5. 焦虑　包括2、17、23、33、39、57、72、78、80、86项共10项。一般指那些烦躁、坐立不安、神经过敏、紧张以及由此产生的躯体征象，如震颤等。测定游离不定的焦虑及惊恐发作是本因子的主要内容，还包括一项解体感受的项目。

6. 敌对　包括11、24、63、67、74、81项共6项。主要从三个方面来反映敌对的表现：思想、感情及行为。其项目包括厌烦的感觉、摔物、争论直到不可控制的脾气爆发等各方面。

7. 恐怖　包括13、25、47、50、70、75、82项共7项。恐惧的对象包括出门旅行、空旷场地、人群或公共场所和交通工具。此外，还有反映社交恐怖的一些项目。

8. 偏执　包括8、18、43、68、76、83项共6项。本因子是围绕偏执性思维的基本特征而制订的，主要指投射性思维、敌对、猜疑、关系观念、妄想、被动体验和夸大等。

9. 精神病性　包括7、16、35、62、77、84、85、87、88、90项共10项。反映各式各样的急性症状和行为，包括一些隐讳的、限定不严的精神病性过程的指征。此外，也可以反映精神病性行为的继发征兆和分裂性生活方式的指征。

10. 其他　19、44、59、60、64、66、89项共7个项目未归入任何因子，反映睡眠及饮食情况，也称附加项。

各因子的因子分的计算方法是：各因子所有项目的分数之和除以因子项目数。假设强迫症状因子各项目的分数之和为30分，共有10个项目，所以因子分为3分。下面是正常成人SCL-90的因子分常模，如果因子分超过常模即为异常。

项　目	X＋SD	项　目	X＋SD
躯体化	1.37＋0.48	敌对	1.46＋0.55
强迫症状	1.62＋0.58	恐怖	1.23＋0.41
人际关系敏感	1.65＋0.61	偏执	1.43＋0.57
抑郁	1.5＋0.59	精神病性	1.29＋0.42
焦虑	1.39＋0.43		

（侯雪艳）

第六章 心理咨询与心理治疗

重点与难点解析

一、心理咨询与心理治疗的概念

心理咨询是咨询师协助求助者解决各类心理问题的过程。

心理治疗是以一定的理论体系为指导，以良好的医患关系为基础，应用心理学的方法，影响或改变患者的感受、认识、情绪或行为，调整个体与环境之间的平衡，从而达到治疗目的。

二、心理咨询和心理治疗的基本过程

1. **心理诊断阶段** 收集与来访者及与其问题有关的资料，再根据所收集的资料进行分析评估并进一步诊断。
2. **帮助和改变阶段** 主要是咨询师和来访者共同制订咨询或治疗方案，然后按照制订的方案来实施具体的咨询或治疗。
3. **结束阶段** 咨询师帮助来访者回顾治疗要点，检查治疗目标实现的情况，进一步巩固治疗所取得的成果，帮助来访者运用所积累的经验指导今后的生活。

三、心理咨询和心理治疗的原则

原则包括良好的医患关系原则、保密原则、计划原则、针对原则、综合原则、灵活原则、中立原则、回避原则。

四、心理咨询的对象及形式

心理咨询面对的主要是有心理问题的正常人。心理咨询的形式主要有：门诊咨询、电话咨询、互联网咨询、信件咨询、专题咨询。

五、心理咨询的常用技巧

1. **倾听技术** 倾听是咨询师获取和理解来访者所表达信息的过程，也是建立良好咨询关系的基本要求。倾听有助于来访者宣泄不良情绪。
2. **共情** 共情是体验别人内心世界的一种能力。可理解为：①咨询师从来访者内心的参照体系出发，设身处地地体验来访者的精神世界；②运用咨询技巧把自己对来访者内心体验的理解准确地传达给对方；③引导来访者对其感受做进一步思考。
3. **表达真诚** 真诚是指在咨询过程中，咨询师表里如一、真实可信。真诚一方面可以为来访者提供一个安全自由的氛围，让来访者知道可以表露自己的软弱、失败、过错等而无需顾忌，切实感到自己被接纳、被爱护；另一方面，咨询师的真诚坦白可向来访者提供一个

良好的榜样，来访者可以因此而受到鼓励，以真实的自我和咨询师交流，并能坦然地表露自己的喜怒哀乐，更好地宣泄情感，也可因此发现和认识真正的自己，并在咨询师的帮助下促进其相应改变。

4. 积极关注　积极关注是指在心理咨询过程中对来访者的言语和行为的积极面予以关注，从而使来访者拥有正向价值观。积极关注不仅有助于建立咨询关系，促进沟通，而且能帮助来访者全面认识自己和周围，看到自己的长处、光明面和对未来的希望，从而树立信心，消除迷茫。

六、常用的心理治疗方法

1. 支持疗法　支持疗法是治疗者在与患者建立良好的医患关系的基础上，应用心理学的知识和方法，帮助和指导患者分析认识当前所面临的问题，使其发挥自己最大的潜能和自身的优势，正确面对各种困难或心理压力，以度过心理危机，从而达到治疗目的。

支持疗法主要的治疗方法：①倾听——倾听是支持疗法的主要技术，其核心是鼓励来访者诉说其面临的问题、感受和需要，使患者被压抑的情感或痛苦得以表达和宣泄，另一方面也使治疗者能深入了解来访者的心理活动、心理需要及可能存在的心理问题。②鼓励——主要是针对消极悲观、缺乏自信的来访者。鼓励可使来访者充分发挥主观能动性及治疗疾病的潜在能力，增强其克服困难及治疗疾病的信心。③解释与指导——解释是治疗者针对相关问题进行说明；指导是治疗者对患者提出行动建议，采取适当的方法解决问题。④保证——保证可以消除来访者的疑虑和错误观念，给予来访者心理上的支持，但保证必须建立在充分的事实基础上的，能使来访者深信不疑。⑤改善环境——在来访者很难适应环境的情况下，适当改变外在的环境也是一种支持的方法。

2. 精神分析疗法　其理论主要包括：潜意识理论、人格结构理论、性本能理论等。

精神分析疗法的基本观点是：患者的各种心身症状是由于压抑在潜意识中的某些幼年时期所经历的精神创伤所致，因此，通过"自由联想"等内省方法，帮助患者将压抑在潜意识中的各种心理冲突，主要是将幼年时期的精神创伤和焦虑情绪体验挖掘出来，使其进入到意识中，转变为个体可以认知的内容进行再认识，使患者重新认识自己，并改变原有的行为模式，重建人格，达到治疗的目的。

精神分析常用的治疗技术有：自由联想、阻抗、移情、释梦、阐释。

3. 行为疗法　行为疗法是根据行为学习理论的原理，通过对个体进行训练，达到矫正适应性不良行为的一类心理治疗技术。其理论基础主要有：经典条件反射、操作性条件反射、社会学习理论。行为学习理论的观点认为，人的正常行为和异常行为，都是通过学习获得的，所以学习就是行为疗法实际治疗的主要手段。行为治疗就是通过重新学习，使患者改变不适应行为，建立正常的行为方式。

行为治疗方法常用的有：系统脱敏法、冲击疗法、厌恶疗法、放松疗法、生物反馈疗法。

4. 以人为中心疗法　人本主义理论认为人是具有潜能和成长着的个体。心理或行为障碍的产生乃是由于其个人成长受到阻抑所导致，而自我意识不良和他人施加的价值条件是引起心理问题的原因。以人为中心疗法的目标就是让人领悟自己的本性，消除外界环境通过内化而强加给他的价值观，让人可以自由表达自己的思想和感情，由自己的意志来决定自己的行为，修复被破坏的自我实现潜力，促进个性的健康发展。

主要治疗技术有：真诚、无条件的积极关注、共情和同理心。

5．认知疗法　认知行为理论强调认知过程是心理行为的决定因素，个体对事件和环境的评价决定了个体的情绪和行为反应。认知疗法是通过改变个体的认知过程来矫正个体适应不良的情绪和行为，建立和重构功能良好的认知过程以达到良好的社会适应。

理性情绪疗法是最常用的一种认知疗法。该法认为人的情绪障碍是由其不合理的信念所造成的，此疗法就是要以理性治疗非理性，帮助来访者以合理的思维方式代替不合理的思维方式，以合理的信念代替不合理的信念，从而最大限度地减少不合理信念给情绪带来的不良影响。

认知疗法的核心理论是 ABC 理论，A 是指诱发情绪发生事件，B 是指人们对诱发事件的认知和评价所产生的信念，C 是由此引发的人们的情绪和行为后果。情绪并非是由诱发事件 A 直接引起的，而是通过人们对这一引发事件的解释和评价 B 所引起的。因此只有改变了来访者的不合理信念 B，才能改变和控制来访者的情绪和行为障碍 C。要改变不合理信念 B，就必须要对其进行驳斥和辩论（D），使之转变为合理的观念而产生治疗效果（E），这时个体就会产生积极的情绪及行为，心理的困扰因此消除或减弱，个体就会有愉悦、充实的新感觉（F）产生。这样 ABC 理论就进一步扩展为 ABCDEF 的治疗模型。

不合理的信念主要有三类：绝对化要求、过分概括化、糟糕至极。

在理性情绪疗法的治疗过程中，常用的理性情绪治疗技术有：与不合理信念辩论、理性想象技术、认知家庭作业等。

七、心理危机的概念

心理危机是在各种因素作用下，个体心理处于孤独、紧张、恐惧、抑郁等极度痛苦状态，以及行为紊乱甚至出现伤人毁物、自伤、自杀等严重极端行为的状态。

心理危机的类型包括：①发展性危机；②境遇性危机；③存在性危机。

八、心理危机的干预

心理危机干预是指对处在心理危机状态下的个人采取明确有效的措施，使之最终战胜危机，重新适应生活。心理危机干预的主要目的有二：一是避免自伤或伤及他人，二是恢复心理平衡与动力。

心理危机干预的步骤：确定引发危机的问题、保证危机者安全、寻找有效的应对方式、制订行动计划、承诺与跟踪监控。

心理危机干预的措施：保持与危机者的密切接触、提供疏泄的机会、解释和指导、鼓励自助、调动和利用社会支持系统、提高信心、提供医疗帮助。

习　题

一、名词解释

1．心理咨询
2．心理治疗
3．支持疗法

4. 行为疗法
5. 认知疗法
6. 心理危机
7. 心理危机干预

二、填空题

1. 系统脱敏疗法包含_____、_____和脱敏治疗三个步骤。
2. 支持疗法的主要技术包括_____、_____、_____、_____、_____等。
3. 弗洛伊德把心理结构分为_____、_____、_____三个层次。把人格结构分为_____、_____、_____。
4. 精神分析疗法常用的技术有_____、_____、_____、_____、_____。
5. 以人为中心疗法常用的技术有_____、_____、_____。
6. 行为疗法常用的技术有_____、_____、_____、_____。
7. 心理危机的类型包括_____、_____、_____。心理危机干预的步骤有_____、_____、_____、_____。
8. 弗洛伊德主张把潜意识作为精神分析心理学的主要对象，他的主要理论有_____和_____等。
9. 心理治疗的三大理论学派有_____、_____、_____。

三、选择题

A₁型题

1. 心理咨询和治疗的基础是
   A. 明确的心理诊断
   B. 良好的医患关系
   C. 高超的治疗技术
   D. 精通的心理理论
   E. 明确的治疗目标
2. 不论进行何种心理治疗，治疗者均应遵守以下原则，但**除外**
   A. 真诚原则
   B. 保密原则
   C. 耐心原则
   D. 中立与回避原则
   E. 标准化原则
3. 心理咨询的对象大多数是
   A. 精神疾病患者
   B. 躯体疾病患者
   C. 心理异常的患者
   D. 人格障碍者
   E. 心理困难的正常人
4. 心理咨询的意义有以下几方面，但**除外**
   A. 解除紧张应激压力的手段
   B. 防治心身疾病
   C. 促进健康长寿
   D. 政治思想教育的重要手段
   E. 心理卫生知识的传播途径
5. 心理治疗的目标是促进求助者的成长和自立，不能代替患者做出任何选择与决定，这是心理治疗的
   A. 真诚原则
   B. 耐心原则
   C. 保密原则
   D. 中立原则
   E. 回避原则
6. 能使咨询深入的心理咨询形式为
   A. 门诊心理咨询
   B. 电话心理咨询
   C. 专栏心理咨询
   D. 信函心理咨询

    E. 现场咨询
7. 适合心理咨询的问题是
    A. 孤独症
    B. 适应不良
    C. 精神分裂
    D. 溃疡病
    E. 冠心病
8. 对于自杀危机，较好的方式为
    A. 门诊心理咨询
    B. 电话心理咨询
    C. 专栏心理咨询
    D. 信函心理咨询
    E. 互联网咨询
9. 心理治疗中能设身处地地理解患者、分享情感称
    A. 理解
    B. 中立
    C. 明理
    D. 共情
    E. 真诚
10. 精神分析理论认为心理障碍的原因在于
    A. 潜意识矛盾冲突
    B. 意识矛盾冲突
    C. 认知矛盾冲突
    D. 本我矛盾冲突
    E. 性矛盾冲突
11. 心理障碍是由于错误的不合理的信念和思维方式所致，如果能改变患者的非理性认知，心理和行为问题就能得到解决。这是何种心理治疗的主要观点
    A. 理性情绪疗法
    B. 以人为中心疗法
    C. 行为疗法
    D. 精神分析疗法
    E. 支持疗法
12. 患者能从治疗性关系中感受医生的真诚、共情和无条件的积极关注，在这种良好的治疗性关系中，促使患者改变和成长。这种心理治疗方法称为
    A. 理性情绪疗法
    B. 以人为中心疗法
    C. 行为疗法
    D. 精神分析疗法
    E. 支持疗法
13. 行为主义学派认为，人的异常行为主要是通过下列哪项得来的
    A. 外界刺激
    B. 生理反应
    C. 人的认知
    D. 学习过程
    E. 遗传因素
14. 人的行为不是由本能决定的，也不简单是外部刺激的结果，而是人的理性评价的结果，这种观点符合
    A. 精神分析理论
    B. 行为主义理论
    C. 人本主义理论
    D. 认知理论
    E. 心理生理理论
15. 根据学习理论创立的心理治疗方法是
    A. 认知疗法
    B. 行为疗法
    C. 家庭治疗
    D. 以人为中心疗法
    E. 精神分析疗法
16. 在为一名强迫症患者的治疗中，医生鼓励患者回忆从童年起所遭受的精神创伤与挫折，帮助他重新认识，建立起现实性的健康心理，这种疗法是
    A. 梦的分析
    B. 移情
    C. 自由联想
    D. 系统脱敏
    E. 自我调节
17. 按一定的练习程序，学习有意识地

控制或调节自身的心理生理活动，以降低机体唤醒水平，调整因紧张刺激而紊乱的功能，这种疗法称为
A. 系统脱敏法
B. 厌恶疗法
C. 条件操作法
D. 模仿疗法
E. 放松疗法

18. 精神分析理论的创始人为
A. 斯金纳
B. 巴甫洛夫
C. 弗洛伊德
D. 桑代克
E. 华生

19. 行为主义理论的创始人为
A. 马斯洛
B. 巴甫洛夫
C. 弗洛伊德
D. 华生
E. 罗杰斯

20. 支持疗法**不包括**
A. 解释
B. 疏导
C. 保证
D. 指导
E. 改善环境

21. 罗杰斯认为，心理障碍的产生是由于
A. 潜意识冲突
B. 个人成长受阻碍
C. 错误的习得
D. 不正确的认知
E. 情感的压抑

22. 下列**不属于**行为疗法的是
A. 厌恶疗法
B. 冲击疗法
C. 暗示疗法
D. 系统脱敏疗法
E. 生物反馈疗法

23. 为了戒除烟瘾，在每次吸烟后，应用某种引起恶心、呕吐的药物，反复几次，就再不想吸烟了。这种戒烟的治疗方法是
A. 系统脱敏法
B. 条件操作法
C. 自我调整疗法
D. 厌恶疗法
E. 暴露疗法

24. 精神分析疗法中，患者把治疗者当成是喜欢的、热爱的对象，这是
A. 自作多情
B. 自由联想
C. 正移情
D. 负移情
E. 精神病态

25. 让患者直接面对能产生强烈焦虑的环境的行为疗法是
A. 逐级暴露疗法
B. 系统脱敏疗法
C. 生物反馈疗法
D. 冲击疗法
E. 厌恶疗法

26. 以自己或他人做的某一件事或某几件事的结果来评价自己或他人作为人的价值。这种认知歪曲属于
A. 过分概括化
B. 绝对化
C. 灾难化
D. 过度引申
E. 夸大或缩小

27. 在治疗患有冠心病的恐怖症患者时忌用
A. 认知疗法
B. 系统脱敏疗法
C. 生物反馈疗法
D. 冲击疗法
E. 厌恶疗法

28. 遵循现实原则行事的是
A. 前意识
B. 潜意识

C. 超我
D. 本我
E. 自我

A₂型题

1. 一位大学三年级学生，学习成绩一直保持领先，但在最近一次考试中因不及格而出现挫折感，不能接受这次失败。他认为，他是学校的优秀生，理应每次考试名列前茅，绝对不可出现不及格这样丢脸的事。此后便一蹶不振，学习成绩开始滑坡。这个学生在认知上出现了偏差，表现为
   A. 以偏概全
   B. 绝对化
   C. 灾难化
   D. 过度引申
   E. 夸大或缩小

2. 张某，女，20岁，大学一年级新生，从山区来城市上学，自述不能见马路上的汽车，当汽车经过时，总感觉汽车可能撞上自己，因此十分恐惧，来心理门诊就诊。最好采用的方法是
   A. 自由联想
   B. 厌恶疗法
   C. 生物反馈疗法
   D. 系统脱敏法
   E. 梦的分析

3. 某男生参加高考前数周严重焦虑，来进行心理咨询。该生述说自己内心的恐惧和担心，咨询师只是认真地倾听，不做任何指令，这种心理疗法的理论属于
   A. 精神分析理论
   B. 认知理论
   C. 人本主义理论
   D. 行为学习理论
   E. 心理生理理论

4. 男性，23岁，3年来一直在购买和收藏女性的高跟鞋而获得满足，而且每晚要抱着高跟鞋睡觉，被诊断为"恋物癖"。对这类患者的心理治疗的方法首选
   A. 以人为中心疗法
   B. 厌恶疗法
   C. 精神分析疗法
   D. 系统脱敏疗法
   E. 认知疗法

5. 刚入学的小学生看别的孩子打扫卫生得到老师的表扬，也主动打扫卫生，在受到老师的表扬后，他经常主动打扫卫生。对其行为过程结果最全面合理的理论解释是
   A. 经典的条件反射及操作性条件反射
   B. 经典条件反射和强化
   C. 操作性条件反射和强化
   D. 非条件反射和条件反射
   E. 社会学习和操作性条件反射

6. 患者男性，38岁，在接受了6次以人为中心治疗之后，患者感觉被治疗师完全接受，开始对当前的一些事情做评论，发表一些自己的看法，这时治疗师应注意
   A. 深入积极引导
   B. 进行行为强化
   C. 保持中立
   D. 无条件积极关注
   E. 挖掘其深层的心理创伤

7. 有位患者因身体不适引起焦虑而来到心理门诊。心理医生在详细了解病史和进行周密的检查后，很肯定地解答了患者的疑惑，认为患者的躯体症状是功能性的而非严重的器质性疾病。这使患者减轻了焦虑，唤起了信心和希望。心理医生给予患者的心理支持为
   A. 指导
   B. 鼓励
   C. 保证
   D. 教育

E. 暗示
8. 某位患者在与别人发生争执后突然出现严重的胸闷、呼吸困难，被送到医院急诊室，经检查医生没有发现任何器质性病变，最后决定给患者静脉注射一支生理盐水，并向患者说明此药对患者缓解症状有帮助。患者没有注意用的是何种药，在接受治疗的同时也很自然地接受了医生的解释，结果症状很快消失了。医生给患者治疗的技术措施是
   A. 对症治疗
   B. 暗示疗法
   C. 鼓励治疗
   D. 疏泄治疗
   E. 引导治疗
9. 张女士，48 岁，10 年来因丈夫外遇，夫妻感情不和，总想离婚，但又总舍不得孩子，怕丢面子。来心理咨询时问心理咨询师该离婚还是不离好。此时心理咨询师最应注意采用的原则是
   A. 真诚原则
   B. 保密原则
   C. 回避原则
   D. 中立原则
   E. 灵活原则

A₃ 型题

（1～2 题共用题干）

以疾病或异常行为形成的理论模型为基础，其治疗的最基本的假设是：人在某种条件下经常出现的行为反应，是通过学习过程获得的。人的适应性正常行为是通过学习获得的，而非适应性异常行为也是通过学习获得的，既然不良行为是在一定条件下"学习"来的，那么在另一条件下通过"重新学习"就可将其改变或消除。
1. 这种心理治疗是
   A. 精神分析疗法
   B. 行为疗法
   C. 以人为中心疗法
   D. 认知疗法
   E. 支持疗法
2. 下列**不属于**这一理论的治疗方法是
   A. 系统脱敏疗法
   B. 冲击疗法
   C. 厌恶疗法
   D. 生物反馈疗法
   E. 自由联想

（3～4 题共用题干）

每个人都可以做出自己的决定，都有自我实现的倾向。只要给患者提供适当的环境，他将有能力改变对自己和他人的看法，调整和控制自己的行为，从而达到良好的主观选择与适应。因此，治疗可帮助患者正确认识和处理当前的处境，体验当时的感受，让患者能够进行自我探索，了解与自我相一致的、恰当的情感，并以此来指导自己的行为，靠自己本身的力量来治疗自己存在的问题。
3. 这种心理治疗是
   A. 精神分析疗法
   B. 行为疗法
   C. 以人为中心疗法
   D. 认知疗法
   E. 支持疗法
4. 这种心理治疗的主要技术**不包括**
   A. 真诚
   B. 无条件的积极关注
   C. 共情
   D. 同理心
   E. 释梦

四、简答题

1. 简述心理咨询和治疗的基本原则。
2. 简述支持疗法的主要技术。
3. 简述行为疗法的常用方法。

4. 简述心理危机干预的步骤。

五、案例分析题

【案例1】赵某，男，38岁，因眼疾住院，但手术不成功，他认为这是医疗事故，多次上访无果，非常绝望，欲在医院跳楼自杀。他坐在窗台上一言不发，一有人靠近，他就拿带钉子的棍子乱砸，情况非常危险。面对这种状况，如何对赵某进行心理危机干预？

【案例2】陈某，男，19岁，大学一年级学生。到大学没多久，就开始想家，觉得在学校没意思，住宿条件差，老师讲课也不吸引人。同学之间似乎很冷漠，互相没有什么关照，更没有人关心自己，什么事情都要自己做。最近总是失眠，整日闷闷不乐。他对咨询老师说，在家里都是被父母照顾，自己从来没有离开过父母，真想退学算了。作为心理咨询人员，你该怎样对待来访者？在咨询过程中，如何使用倾听技术？需要注意哪些问题？

参考答案及解析

一、名词解释

1. 心理咨询是咨询师协助求助者解决各类心理问题的过程。
2. 心理治疗是以一定的理论体系为指导，以良好的医患关系为基础，应用心理学的方法，影响或改变患者的感受、认识、情绪或行为，调整个体与环境之间的平衡，从而达到治疗目的。
3. 支持疗法是治疗者在与患者建立良好的医患关系的基础上，应用心理学的知识和方法，采取倾听、鼓励、保证等方式，在精神上给患者以不同形式、不同程度的支持和援助，使患者度过心理危机，从而达到治疗目的。
4. 行为疗法是指以行为学习理论为指导，按照一定的治疗程序，来消除或纠正人的不良行为的一种治疗方法。
5. 认知疗法就是通过改变个体的认知过程来矫正个体适应不良的情绪和行为，建立和重构功能良好的认知过程以达到良好的社会适应的一种治疗方法。
6. 心理危机是在各种因素作用下，个体心理处于孤独、紧张、恐惧、抑郁等极度痛苦状态，以及行为紊乱甚至出现伤人毁物、自伤、自杀等严重极端行为的状态。
7. 心理危机干预是指对处在心理危机状态下的个人采取明确有效的措施，使之最终战胜危机，重新适应生活。

二、填空题

1. 建立焦虑等级　放松训练
2. 倾听　鼓励　保证　解释与指导　改善环境
3. 意识　前意识　潜意识　本我　自我　超我
4. 自由联想　移情　阻抗　释梦　阐释
5. 真诚　无条件的积极关注　共情和同理心
6. 系统脱敏法　冲击疗法　厌恶疗法　放松疗法　生物反馈疗法
7. 发展性危机　境遇性危机　存在性危机　确定引发危机的问题　保证求助者的安全

寻找有效的应对方式   制订行动计划   承诺与跟踪监控
8. 潜意识理论   人格结构理论
9. 精神分析学派   行为主义学派   人本主义学派

三、选择题

A₁型题

1. B
2. E   解析：心理治疗没有统一的标准，可以根据新的情况变更治疗程序和方法。
3. E
4. D
5. D
6. A   解析：门诊心理咨询既有语言信息也有非语言信息的交流，交流信息量大，最能深入咨询。
7. B   解析：适应不良是正常人常遇到的一般性心理问题，适合进行心理咨询，其他适合进行心理治疗。
8. B   解析：电话咨询方便、迅速、及时，更适用于急性情绪障碍、自杀等危机状态的求助者。
9. D   解析：共情是体验别人的内心世界，就好像是自己的内心世界一样的能力。
10. A
11. A
12. B
13. D   解析：行为主义学派认为正常和异常行为都是通过学习获得的。
14. D
15. B
16. C   解析：自由联想是精神分析疗法的技术，其最终目的是发掘患者压抑在潜意识内的致病情结或矛盾冲突，把他们带到意识领域，使患者对此有所领悟，并重新建立现实性的健康心理。
17. E
18. C
19. D
20. B
21. B
22. C
23. D   解析：厌恶疗法是通过附加某种不良刺激的方法，使患者在进行不适行为时，同时产生令其厌恶的心理或生理反应的一种行为疗法。
24. C   解析：在精神分析疗法中，患者对治疗者出现依恋、爱恋等情感属于正移情。负移情是患者对治疗者出现气愤、憎恨、攻击、不信任等情感。
25. D   解析：系统脱敏法和冲击疗法都是暴露疗法，而系统脱敏法是利用情绪焦虑和放松训练两个过程的交互抑制来达到治疗目的。冲击疗法是让患者直接面对能产生强烈焦虑的环境的一种暴露疗法。

26. A　解析：过分概括是一种以偏概全、以一概十的不合理思维方式的表现。

27. D　解析：冲击疗法治疗强度比较强烈，不宜对心血管疾病、哮喘等患者使用。

28. E　解析：人格结构理论中的本我是遵循快乐原则行事，超我是遵循道德原则行事，而自我是遵循现实原则行事的。

A₂型题

1. B　解析：绝对化是指个体以自己的意愿为出发点，对某一事物怀有其必定会发生或不会发生的信念。

2. D　解析：系统脱敏疗法用于治疗恐怖症患者。

3. C　解析：以人本主义理论为指导的以人为中心疗法是非指令性的治疗方法。

4. B　解析：厌恶疗法适用于酒瘾、烟瘾、性变态行为的治疗。"恋物癖"属于性变态行为。

5. E　解析："看别的孩子打扫卫生得到老师的表扬，也主动打扫卫生"属于社会学习，"受到老师的表扬后，他经常主动打扫卫生"属于操作性条件反射。

6. D　解析："无条件积极关注"是以人为中心治疗的原则。

7. C　解析：保证常针对多疑和情绪紧张的患者，可以消除来访者的疑虑和错误观念，给予来访者心理上的支持。

8. B　解析：暗示疗法是利用言语、动作或其他方式，使被治疗者在不知不觉中受到积极暗示的影响，从而不加主观意志地接受医生的某种观点、信念、态度或指令，以解除其心理上的压力和负担，实现消除疾病症状或加强某种治疗效果的目的。

9. D　解析：心理咨询和治疗的目的主要是帮助来访者自我成长，在咨询和治疗过程中治疗者不能为来访者做任何选择，这是遵循心理咨询和治疗的中立原则。

A₃型题

1. B　解析：行为疗法的理论基础是行为学习理论。

2. E　解析：自由联想属于精神分析疗法的技术。

3. C　解析：以人为中心疗法的根本原则是人为地创造一种完全无条件的积极尊重的气氛，使来访者能在这种氛围下修复其被歪曲和受损的自我实现潜力，重新做到自我实现和自我完善。

4. E　解析：以人为中心疗法的技术有真诚、共情或同理心、无条件积极关注，释梦是精神分析疗法的技术。

四、简答题

1. 心理咨询和治疗的基本原则有：良好的医患关系原则、保密原则、计划原则、针对原则、综合原则、灵活原则、中立原则、回避原则。

2. 支持疗法的主要技术有：倾听、鼓励、解释与指导、保证、改善环境。这些技术主要的目的是帮助和指导患者分析认识当前所面临的问题，使其发挥自己最大的潜能和自身的优势，正确面对各种困难或心理压力，以度过心理危机。

3. 行为疗法常用的方法有：系统脱敏法、冲击疗法、厌恶疗法、放松疗法、生物反馈疗法。这些方法都是通过重新学习，使患者改变不适应行为，建立正常的行为方式。

4. 心理危机干预的步骤：确定引发危机的问题、保证求助者安全、寻找有效的应对方式、制订行动计划、承诺与跟踪监控。

五、案例分析题

【案例1】确定引发当事者危机的问题；保持与当事者的密切接触；向当事者提供支持，提供疏泄的机会；和当事者共同寻找有效的应对方式。

【案例2】在咨询过程中，主要运用支持疗法的技术，采用倾听、鼓励、说明等方式，来帮助陈某宣泄不良情绪，指导其分析认识当前所面临的问题，使其发挥自己最大的潜能和自身的优势，更好地适应环境。倾听是咨询师获取和理解来访者所表达信息的过程，它既可以表达对来访者的尊重，同时也能使对方在比较宽松和信任的氛围下诉说自己的烦恼，有助于来访者不良情绪的宣泄。倾听时应注意：一是观察和觉察来访者的非言语行为；二是倾听和理解来访者的语言信息；三是注意倾听来访者歪曲现实的局部经验；四是联系其所生活的社会环境，对整个人进行倾听。

（汤雅婷）

第七章 心理护理

重点与难点解析

一、心理护理的概念

心理护理是指在护理全过程中,护士以心理学的理论与技术为指导,以良好的人际关系为基础,积极地影响患者的心理活动,帮助患者在其自身条件下获得最适宜身心状态的护理方法。

二、心理护理的原则

1. 过程与动态原则　心理护理贯穿疾病发生、发展和转归的全过程,且应适应患者病情与心理的发展与变化。
2. 共性与个性原则　患者的心理活动既有共同性又存在个体差异,应针对每位患者的不同特点,有针对性地实施心理护理。
3. 支持与自护原则　护士既要帮助患者减轻痛苦、恢复健康,又要启迪和指导患者尽可能实现自我护理。
4. 寓心理护理于基础护理之中的原则　心理护理除专门的心理干预策略以外,更重要的是应体现在基础护理的每一个环节当中。

三、心理护理的形式

心理护理包括个别心理护理和集体心理护理两种形式。

四、心理护理的注意事项

1. 建立良好的护患关系,争取患者的主动配合。
2. 掌握沟通技巧,具备有效的沟通能力。尤其要注意耐心倾听患者的叙述。
3. 了解病情,心理护理有针对性、计划性。
4. 实施心理护理应遵循心理护理的原则与方法。
5. 护士自身应有健康积极的心态,保持稳定的情绪,注意言谈举止的心理护理效应。
6. 心理护理过程中,如患者不能接受,应立即终止。

五、心理护理程序

1. 心理护理评估

(1) 途径与方法:通过观察、交谈、心理测量等手段,通过患者、家属、医生的医疗文件、相关参考资料收集患者心理状态的信息,并对所收集的资料进行分类、整理与比较,根据患者具体情况,找出其心理问题所在。

(2) 评估的内容：①患者的一般状况（婚姻、受教育状况、职业等）；②患者对自身健康与疾病的感知（有无健康意识，对疾病性质、严重程度及预后等的认识）；③心理活动（知、情、意、行）；④自我认知（信任、自尊、身体形象等）；⑤人格类型（气质类型、人格特征等）；⑥社会生活事件及应对能力（遇到哪些生活事件，是如何解决的等）；⑦信仰与价值观（生活及工作态度等）；⑧社会经济状况（职业、工作性质、经济状况等）；⑨生活方式（爱好、饮食习惯等）；⑩社会支持系统（家庭成员、单位和社区提供的条件和支持等）。

2. 心理护理诊断　常见的心理护理诊断有感知性便秘、语言沟通障碍、适应障碍、社交障碍、精神困扰、个人应对无效、调节障碍、睡眠紊乱、自我形象紊乱、自尊紊乱、知识缺乏、疼痛、焦虑、恐惧、功能障碍性悲哀、预感性悲哀、有自伤的危险、潜在性暴力行为、创伤后反应等。

3. 心理护理计划　包括4个方面的内容：①排列心理护理诊断的顺序；②确定预期心理护理目标；③制订心理护理措施；④护理计划成文。

4. 心理护理实施　实施心理护理应注意：①基础护理与心理护理相结合；②争取患者社会支持系统的支持与合作；③创造安全、舒适的心理护理环境。

5. 心理护理评价　其基本内容包括：①建立评价标准；②收集资料；③评价目标是否实现；④分析问题的原因；⑤重审护理计划。

六、临床心理护理工作中可实施的心理护理方法

1. 一般的心理护理
(1) 护士在护理过程中的一切言行举止包括表情、语气、手势、体态、触摸的运用都可以发挥心理护理的效应。
(2) 心理支持：是指在精神上给患者不同形式、不同程度的支持和援助，是心理护理最基本、最常用的方法。心理支持技巧包括：倾听、解释与指导、鼓励、恰当的保证、促进环境的改善等。

2. 专业的心理护理干预
(1) 心理疏导：护士与患者沟通过程中对患者不良的心理状态进行疏通和引导，以消除心理问题，促进患者心理健康。
(2) 放松训练：按一定的训练程序，学习有意识地控制或调节自身的心理生理活动，以降低机体唤醒水平，调整因紧张刺激而功能紊乱的状况的方法。护士通过指导患者运用放松技巧来消除患者的紧张与焦虑，患者掌握后就可以在注意到自己紧张时自行控制。
(3) 改变认知：护士帮助患者调整认知，主要是协助心理医生或辅导患者。结合理性情绪疗法的技巧，主要有说明与解释、帮助找出问题、帮助改变三个阶段。

习　题

一、名词解释

心理护理

二、填空题

1. 选择和制订心理护理措施应注意_____、_____、_____、_____。
2. 临床心理护理根据介入的深度可概括为两种形式：_____、_____。
3. 心理护理实施的形式可分为_____、_____。
4. 对患者进行心理护理评估包括_____、_____两大方面。

三、选择题

A₁型题

1. 开展心理护理的重要前提是
   A. 现代的医疗技术
   B. 现代的护理技术
   C. 心理学技术
   D. 心理学理论
   E. 良好的护患关系

2. 心理护理最常用的方法是
   A. 行为疗法
   B. 认知疗法
   C. 支持疗法
   D. 音乐疗法
   E. 暗示疗法

3. 有关心理护理与整体护理的论述，正确的是
   A. 心理护理与整体护理相互独立
   B. 心理护理是整体护理的核心组成部分
   C. 心理护理与整体护理互不影响
   D. 心理护理与其他护理方法有所区别，没有关联
   E. 心理护理与其他护理方法无法结合

4. 心理护理评价的基本内容**不包括**
   A. 建立评价标准
   B. 收集资料
   C. 评价目标是否实现
   D. 确定心理护理目标
   E. 重审护理计划

5. 在把握患者心理需要与反应一般规律的同时，针对每位患者的不同特点，应有针对性地给予心理护理。这是心理护理的什么原则
   A. 过程与动态原则
   B. 共性与个性原则
   C. 支持与自护原则
   D. 寓心理护理于基础护理之中的原则
   E. 选择适宜对策原则

6. 拟定心理护理计划**不包括**以下哪个方面的内容
   A. 排列心理护理诊断的顺序
   B. 确定预期心理护理目标
   C. 实施心理护理措施
   D. 制订护理措施
   E. 护理计划成文

7. 下列哪项**不属于**专业的心理护理干预
   A. 心理疏导
   B. 心理支持
   C. 想象放松训练
   D. 呼吸控制训练
   E. 改变认知

8. 改变认知**不包括**以下哪个阶段
   A. 说明阶段
   B. 帮助找出问题阶段
   C. 心理宣泄阶段
   D. 帮助改变阶段
   E. 解释阶段

9. 下列关于心理护理注意事项，说法**错误**的是
   A. 建立良好的护患关系，争取患者的主动配合
   B. 掌握沟通技巧，具备有效的沟通能力

C. 了解病情，心理护理有针对性、计划性
D. 心理护理过程中，即使患者不能接受，也不能立即终止
E. 要注意耐心倾听患者的叙述

10. 关于心理护理评估，以下说法**不正确**的是
    A. 可通过观察、交谈、倾听、心理测量的途径与方法来进行
    B. 可通过患者、家属、医生的医疗文件、心理诊断结果、相关参考资料收集患者心理状态的信息
    C. 对所收集到的资料进行分类、整理与比较，根据患者具体情况，找出其心理问题所在
    D. 对所收集的心理健康资料进行分析，从而确定患者的心理健康问题及引起心理健康问题的原因
    E. 对患者进行心理护理评估包括心理评估和社会评估两大方面

A₂型题

1. 患者吴某，男，54岁，糖尿病确诊1年，住院期间其主管护士遵医嘱对其进行护理，并启发和指导患者尽可能自我护理。这体现了心理护理的什么原则
    A. 过程与动态原则
    B. 共性与个性原则
    C. 支持与自护原则
    D. 寓心理护理于基础护理之中原则
    E. 选择适宜对策原则

2. 患者王某，女，41岁，因腹痛2个月就医，某护士对该刚入院患者进行了初次护理评估，内容包括一般资料、健康状况、社会情况等方面，其中心理社会评估应包括以下哪项内容
    A. 目前用药情况
    B. 生育史
    C. 护理体检结果
    D. 患者对自身健康与疾病的感知
    E. 家族史

3. 患者高某，男，68岁，因呼吸衰竭使用呼吸机辅助呼吸。由于患者存在"语言沟通障碍"，护士在与其交流的过程中应用了另外一些方法保持与患者的交流互动，从而比较详细和全面地获知了有关患者心理状态的信息。护士主要通过何种方式对该患者进行较全面的心理护理评估
    A. 查阅病历
    B. 交谈
    C. 心理测量
    D. 非语言沟通
    E. 倾听

4. 某院妇科共有11名肿瘤患者，普遍存在焦虑、悲观等情绪，该科护士对此部分患者心理问题规律进行归纳后，将这些患者组合在一起，安排了相关疾病防治知识讲座、专题讨论、经验交流，每周集中辅导1～2次，每次30～60min。下列说法**不正确**的是
    A. 该科护士实施的是集体心理护理
    B. 此种心理护理可对患者潜在的心理问题作预防性干预
    C. 此种心理护理充分利用了患者相互间的积极影响
    D. 该科护士能及时、深入、有效地解决患者个性化心理问题
    E. 在心理护理中，护士要善于归纳和掌握同类患者心理问题的规律

A₃型题

(1～2题共用题干)

护士小刘踏实肯干、钻研业务，受到护士长的重视，虽然操作敏捷、准确，但患者对她并不满意。原来她几乎不与患者主动交流，久而久之，患者也不与她交流。护士长对小刘讲："我们的血压计、体温计、头皮针不该是冷冰冰的器械，应该首先有我们自己的温度。你明天试试用微笑面对患者，试着

告诉你负责的患者,他的气色比昨天好,看看他会有什么反应。"

1. 你认为护士长最想给小刘什么启示
   A. 血压计、体温计等器械使用前应该首先用体温加热
   B. 护理操作技术并不重要
   C. 护士的言谈举止会对患者产生不同的心理效应,护理工作不应只是简单、机械的操作,还应该包含护患之间的良好交流
   D. 小刘的工作态度不够端正
   E. 护士工作态度的重要性大于其操作能力
2. 护士长的话语阐明的是心理护理的哪项原则
   A. 过程与动态原则
   B. 共性与个性原则
   C. 支持与自护原则
   D. 寓心理护理于基础护理之中的原则
   E. 选择适宜对策原则

(3～4题共用题干)

患者侯某,男,47岁,2型糖尿病患者,因事故造成颜面与胸部大面积烧伤,并伴股骨粉碎性骨折,已入院5个月,先后转科3次。患者目前除呈现焦虑、抑郁等情绪外,在接受药物注射、康复训练时常表现出大汗、气喘等明显紧张症状。

3. 作为责任护士,针对患者目前状况,你认为最适宜采取以下哪项护理措施
   A. 停止药物注射
   B. 停止康复训练
   C. 转科改变环境
   D. 使用镇静剂
   E. 放松训练
4. 根据该患者状况对其实施心理护理,以下哪项**不正确**
   A. 应对患者提供长期的、基本的心理支持
   B. 患者病情较严重,情绪不稳定,心理支持对患者的治疗没有任何作用
   C. 根据患者情况,除基本的心理支持外,也应采取专业的心理护理干预
   D. 针对患者不良情绪,应进行心理疏导
   E. 患者的不良情绪与行为表现可能源于不客观或扭曲的看法与态度,应调整患者的认知

四、简答题

1. 简述心理护理的程序。
2. 简述心理护理的原则。
3. 简述心理护理的方法。

五、案例分析题

一名大学一年级的新生,19岁的生日那天被车撞伤。医生给她处理好伤口,肇事司机开始责怪她太不小心。身在他乡,没有亲人,她哭了,肇事司机一脸不满地离开了病房。年轻护士默默地看着,过了一会儿,护士走进来递给她一个苹果,拍拍她的手,轻轻说了声:"生日快乐。"她吃惊地望着那张被口罩遮住大半的陌生脸庞,却分明感觉到那双眼睛传递出来的温暖。请问:

1. 肇事司机和护士的态度对患者的心理影响有什么不同?
2. 你认为护士怎样知道患者当天生日?
3. 护士对患者是否实施了心理护理?若是,通过什么方式?

参考答案及解析

一、名词解释

心理护理是指在护理全过程中，护士以心理学的理论与技术为指导，以良好的人际关系为基础，积极地影响患者的心理活动，帮助患者在其自身条件下获得最适宜身心状态的护理方法。

二、填空题

1. 患者的可接受性　预期目标　护士实际能力　措施的可行性
2. 一般的心理护理　专业的心理护理干预
3. 个别心理护理　集体心理护理
4. 心理评估　社会评估

三、选择题

A₁型题

1. E　解析：心理护理需要在护士与患者的人际交往基础上进行，患者对护士的信任有助于心理护理的有效开展，因此建立良好的护患关系是开展心理护理的重要前提。
2. C
3. B　解析：心理护理在整体护理中有其独特的地位与作用：①心理护理是整体护理的核心。个体的心理状态对其自身的健康具有决定性的影响，护士可通过心理护理实现对患者的整体护理。②心理护理作为一种具体的护理方法，与其他护理方法既有原理、工具与方法学上的区别，又须与其他方法紧密结合，贯穿于整体护理始终。
4. D　解析：心理护理评价的基本内容包括：①建立评价标准；②收集资料；③评价目标是否实现；④分析问题的原因；⑤重审护理计划。确定心理护理目标是制订心理护理计划的内容。
5. B　解析：面对疾病、衰老、死亡，人们会出现一些共同的心理需要与反应。但每个人因出生背景、个性、成长经历、所受教育、阅历不同，面对相似的情境，其需要与反应也有个体差异。因此，心理护理应把握共性与个性原则。
6. C
7. B　解析：心理支持属于一般的心理护理方法。专业的心理护理干预包括：①心理疏导；②放松训练（想象放松训练、呼吸控制训练）；③改变认知。
8. C　解析：改变认知主要有说明与解释、帮助找出问题、帮助改变3个阶段。
9. D
10. D　解析：心理评估主要是收集资料，对资料进行整理分析，找出问题。在找出问题的基础上确定引起心理健康问题的原因是心理护理诊断。

A₂型题

1. C
2. D

3. D　解析：护士通过非语言沟通方式从患者处获取较为全面的心理资料。如通过观察患者的表情动作、手势、文字书写等手段进行评估。

4. D　解析：题干中护士实施的是集体心理护理，集体心理护理更多解决的是共性的心理问题。而个别心理护理才能及时、深入、有效地解决患者的个性化心理问题。

A_3 型题

1. C

2. D　解析：人的心身是紧密联系和相互影响的，基础护理不应是简单的纯技术操作。耐心细致的解释、认真负责的态度、信心的传递与精湛的护理技术相结合，才能真正为患者提供高质量的护理服务。

3. E　解析：针对患者目前的情况与治疗需要，可首先通过指导患者开展放松训练，进行行为矫正，帮助其运用放松技巧来消除紧张与焦虑，患者掌握后就可以在注意到自己紧张时自行控制。

4. B　解析：心理支持贯穿于整体护理的始终，常常与其他护理操作同步展开，才可以凸显其影响患者心态的良好效用；根据患者情况，除基本的心理支持外，也应采取专业的心理护理干预，如针对患者不良情绪进行较长期的心理疏导，逐渐改变患者认知，以客观合理的认识和信念来取代不合理的信念和态度，建立较为健康的心理，做出适应性的行为反应。

四、简答题

1. 心理护理程序包括心理护理评估、心理护理诊断、拟定心理护理计划、实施心理护理计划、心理护理评价。

2. 心理护理的原则有过程与动态原则、共性与个性原则、支持与自护原则、寓心理护理于基础护理之中的原则。

3. 临床心理护理根据介入的深度可概括为两种形式：

（1）一般的心理护理：对患者的心理需要的满足和一般的心理支持；心理支持的技术包括倾听、解释与指导、鼓励、适当的保证、暗示、促进环境的改善等。护士在护理过程中的一切言行举止包括表情、语气、手势、体态、触摸的运用都可以发挥心理护理的效应。

（2）专业的心理护理干预：通过系统的方式，采用一定的心理治疗技术对患者的心理问题进行专业的心理护理干预。包括心理疏导、放松训练、改变患者认知，以增强患者的适应水平。

五、案例分析题

1. 肇事司机的态度使该患者自责、自怜；护士的态度则使患者感到被关怀与温暖。

2. 结合患者表现，通过患者入院护理评估资料获知。

3. 是。护士的表情、语言、触摸等起到了心理护理的效应。

实训五 放松训练

一、目的

通过学习放松训练法，有意识地控制或调节自身的心理生理活动，以降低机体唤醒水平，调整因紧张刺激产生的功能紊乱状况，并能指导、帮助他人。

二、内容与方法

1. 准备

(1) 学生准备：明确目的、确定内容。

(2) 用物准备：放松训练光盘；多媒体教学设备一套。

(3) 环境准备：安静、室温适中。

2. 实施

(1) 教师讲授放松训练的方法和要点。

(2) 多媒体播放放松训练演示过程。

(3) 指导学生进行放松训练。

渐进性放松的基本步骤如下：

1) 握紧拳头—放松；伸展五指—放松。

2) 收紧二头肌—放松；收紧三头肌—放松。

3) 耸肩向后—放松；提肩向前—放松。

4) 保持肩部平直，转头向右—放松；保持肩部平直，转头向左—放松。

5) 屈颈使下颌触到胸部—放松。

6) 尽力张大嘴—放松；闭口咬紧牙关—放松。

7) 尽可能地伸长舌头—放松；尽可能地卷起舌头—放松。

8) 舌头用力抵住上腭—放松；舌头用力抵住下腭—放松。

9) 用力张大眼睛—放松；紧闭双眼—放松。

10) 尽可能地深吸一口气—放松。

11) 肩胛用力抵住椅子，拱背—放松。

12) 尽可能地"收腹"—放松；挺腹并绷紧—放松。

13) 收紧臀部肌肉—放松；臀部肌肉用力抵住椅垫—放松。

14) 伸腿并抬高 15～20cm—放松。

15) 伸直双腿，足趾上翘背屈—放松；足趾伸直—放松。

16) 屈趾—放松；翘趾—放松。

以临床常用的卧式深呼吸练习为例，基本步骤如下：

1) 指导患者平躺于床上，两膝屈曲，两脚分开约 20cm，背部躺直。

2) 将一手放于腹部，另一手放于胸部。

3) 对全身紧张部位逐一进行放松，同时用鼻缓慢深吸气，然后用嘴呼气，呼气时轻轻地发"啊"音将气送出，在呼吸时体验胸部的上下起伏、呼吸时的声音和机体松弛的感觉。

4) 每天做 1～2 次，每次 5～10min。

3. 评价

(1) 放松训练的操作方法正确。

(2) 放松训练后情绪平稳。

(3) 学生以小组为单位交流放松后的感受。

(4) 总结失败的原因。

(5) 完成实训报告。

(田云霞)

第八章　患者常见心理问题及心理护理

重点与难点解析

一、患者角色的概念

患者角色又称患者身份，是一种特殊的社会角色，是指从常态社会人群中分离出来、处于病患状态中并有求医要求和医疗行为的社会角色，是社会对患者所期望的行为模式。

二、患者角色适应不良表现

包括患者角色缺如、患者角色强化、患者角色消退、患者角色冲突、角色认同差异、角色行为恐惧、角色保密与假冒。

三、患者的需要

包括安全的需要、尊重的需要、爱与归属的需要、获得信息的需要、获得舒适和谐的治疗环境的需要。

四、患者的一般心理变化

主要表现在认知功能的变化、情绪活动的变化、意志行为的变化和人格的变化。

五、患者常见的心理问题及心理护理措施

1. 患者常见心理问题　包括焦虑、恐惧、抑郁、孤独、依赖、退化、愤怒、否认、自我概念变化与紊乱、遵医行为问题。焦虑是患者最常见的情绪反应。
2. 不同心理问题的心理护理措施
（1）焦虑的心理护理：建立良好的护患关系；营造安静和谐的环境；倾听患者的诉说；同感移情；帮助患者认识焦虑；引导患者应对压力；使用放松技术；鼓励活动；药物治疗。
（2）恐惧的心理护理：评估引起恐惧的原因；提供患者所需信息；增进护患沟通；提供心理支持；行为应对训练；示范和脱敏疗法；提供社会支持；健康教育。
（3）抑郁的心理护理：增进护患沟通；改变不良认知；满足患者需求；积极使用心理暗示；调动社会支持；适度活动；心理治疗；药物治疗。
（4）孤独的心理护理：评估导致孤独的原因；帮助患者熟悉医院环境；提供情感支持；社会支持；集体心理护理；适度运动。
（5）依赖的心理护理：改变不良认知；行为训练；心理支持；适度运动；引导患者参与医疗决策和医疗活动。
（6）退化的心理护理：心理支持与疏导；阳性强化；适度运动；增进患者之间的沟通。
（7）猜疑与怀疑的心理护理：改变认知；提供信息；进行积极的心理暗示；集体心理

护理。

(8) 愤怒的心理护理：共情技术的使用；改变认知；社会支持；建立和谐的护患关系；心理疏导。

(9) 否认的心理护理：提供心理支持；纠正错误认知；心理疏导；强化社会支持；集体心理护理。

(10) 自我概念变化与紊乱的心理护理：使用恰当的沟通方式；评估原因；纠正错误认知；社会技能训练；调动社会支持系统；心理支持与疏导。

(11) 遵医行为问题的心理护理：建立良好的护患关系；提供相关信息；认知纠正及行为训练；专业术语的解释；心理支持与疏导。

习　题

一、名词解释

1. 患者角色
2. 自我概念紊乱

二、填空题

1. 焦虑是患者最常见的情绪反应，一般可分为_____、_____、_____三类。
2. 个体的自我完整性遭到破坏和受到威胁时会产生_____焦虑。
3. 退化是一种_____，主要表现为_____、_____和_____。
4. 猜疑是一种消极的_____，它是缺乏根据的猜测，会影响人对客观事物正确的判断。
5. _____是一种心理防御机制。表现为患者怀疑和否认自己患病的事实。
6. 自我概念包括_____、_____、_____和_____，对个体的心理与行为起着重要的调控作用。
7. 当个体感受到需要或希望与他人接触，但却无力实现这种状态时，就会感受到孤独。孤独是一种_____状态。
8. _____是人预期将要发生危险或不良后果的事件时所表现的紧张、恐惧和担心的情绪状态。
9. 愤怒的心理护理措施有_____、_____、_____、_____、_____。
10. 遵从医嘱是指患者接受_____、_____、_____的行为。

三、选择题

A₁型题

1. 进入患者角色的根本原因是
   A. 从原有的社会角色中解脱
   B. 环境发生了改变
   C. 患病
   D. 处于被帮助的地位
   E. 心理上的压力

2. 患者由于工作繁忙或者家庭责任重而不能安心治疗，这是
   A. 患者角色冲突
   B. 患者角色缺如
   C. 患者角色消退

D. 患者角色隐藏
E. 患者角色认同差异

3. 某人疾病已基本痊愈，但仍不愿意出院，并主诉一些不适症状，其角色变化是
   A. 患者角色缺如
   B. 患者角色冲突
   C. 患者角色强化
   D. 角色行为恐惧
   E. 角色保密与假冒

4. 患者在求医过程中，产生愤怒反应，以下**不合理**的心理护理措施是
   A. 共情
   B. 改变认知
   C. 社会支持
   D. 建立和谐的护患关系
   E. 无条件地满足患者需求

5. 患者心理活动的变化主要是
   A. 判断力下降，依赖性提高
   B. 逻辑性下降，依赖性提高
   C. 思维速度下降，独立性提高
   D. 判断力下降，独立性提高
   E. 逻辑性上升，独立性下降

6. 患者的意志特征是
   A. 主动性降低、耐受能力和自控能力增加
   B. 主动性降低、耐受能力和自控能力下降
   C. 主动性增加、耐受能力和自控能力下降
   D. 主动性、耐受能力和自控能力增加
   E. 主动性、耐受能力增加，自控能力下降

7. 患者最常见、最重要的心理变化是
   A. 人格变化
   B. 意志变化
   C. 情绪变化
   D. 认知功能变化
   E. 思维变化

8. 依赖性增强和自信心减弱的人可发生
   A. 患者角色强化
   B. 患者角色冲突
   C. 患者角色缺如
   D. 角色行为恐惧
   E. 患者角色消退

9. 对于患者来讲，最普遍、最重要的需要是
   A. 生理的需要
   B. 爱与归属的需要
   C. 尊重的需要
   D. 安全的需要
   E. 信息的需要

10. 患者担心误诊，怕吃错药、打错针，是何种心理反应
    A. 退化
    B. 恐惧
    C. 猜疑与怀疑
    D. 焦虑
    E. 愤怒

11. 患者四处求药、八方投医，是何种心理反应所致
    A. 猜疑心理
    B. 孤独感
    C. 期待心理
    D. 主观感觉异常
    E. 依赖心理

12. 手术患者术前最常见的心理反应是
    A. 焦虑、恐惧
    B. 抑郁、无望
    C. 敌对
    D. 愤怒
    E. 依赖

13. 关于患者角色的基本特征**错误**的一项是
    A. 社会角色退位
    B. 自制力减弱
    C. 求助愿望增强
    D. 康复动机强烈
    E. 人际关系紧张

A₂型题

1. 某患者,即将进行肺部肿瘤切除术,术前护士除了对患者进行生理准备外,以下哪项心理护理是**无效**的
   A. 提供心理支持
   B. 做最坏的打算,做好心理准备
   C. 进行行为应对训练
   D. 提供社会支持
   E. 进行积极的心理暗示

2. 某患者需要做子宫肌瘤摘除术,术前患者出现了一系列心理反应,对这些心理反应的认识,哪项是**错误**的
   A. 术前的心理反应对手术和术后的恢复必然产生负面的影响
   B. 术前焦虑水平很高或很低者,预后不佳
   C. 术前焦虑水平适中者,术后结果最好
   D. 术前所出现的焦虑和恐惧是正常的情绪反应
   E. 术前对医生和手术抱有期望是患者的正常心理反应

3. 某患者,男性,38岁。其行为像儿童,许多事情都需要向医护人员或周围的人询问,并要求家人和周围的人给予关心。这种情况属于哪种心理反应
   A. 否认
   B. 退化
   C. 焦虑
   D. 孤独
   E. 抑郁

4. 张某,一名离休老干部,因早期胃癌入院治疗,拟行胃部手术。在住院期间张某多次与医护人员发生争吵,认为自己没病,要找院长评理……该患者出现哪项角色不适应现象
   A. 患者角色缺如
   B. 角色行为恐惧
   C. 角色保密与假冒
   D. 患者角色消退
   E. 患者角色冲突

5. 某患者即将进行胆囊切除术,术前医护人员**不应**做
   A. 提供有关手术的信息
   B. 如实交代病情
   C. 听取患者和家属的意见
   D. 提供心理支持
   E. 与患者家属建立医疗之外的人际关系

6. 某患者入院后活动下降、言语减少、兴趣减退、悲观失望、睡眠不佳,该患者的情绪反应属于
   A. 焦虑
   B. 抑郁
   C. 恐惧
   D. 愤怒
   E. 否认

7. 患者王某,品尝不出食物的香味,该患者的心理变化表现在下列哪个方面
   A. 感知方面
   B. 记忆方面
   C. 思维方面
   D. 认知方面
   E. 人格方面

8. 有位中年女性身患肺癌,自己却矢口否认,拒绝治疗,半年时间就因脑转移而死亡。该患者的心理活动属于下列哪种表现
   A. 愤怒
   B. 自我概念变化与紊乱
   C. 否认
   D. 遵医行为问题
   E. 依赖

A₃型题

(1~2题共用题干)

某中年患者,自入院以来总担心医生会误诊、护士会打错针,多次询问、胡乱猜疑、胡思乱想、惶惶不安。

1. 此表现反映了该患者哪种心理状态

A. 猜疑与怀疑
B. 依赖
C. 抑郁
D. 烦躁
E. 焦虑

2. 对于该患者应采取的心理护理措施是
   A. 告诉患者不要多疑，都是自找烦恼
   B. 提供信息以消除患者的疑虑
   C. 指责其行为是不信任医院的表现
   D. 保持沉默
   E. 告诉患者既来之，则安之

(3~4题共用题干)

患者，女性，34岁，家住郊区。入院后，晚上不易入睡，烦躁不安，有时起来踱步，有时莫名其妙地在值班室门口站着，有时多次按信号灯，借故与值班人员说几句话。

3. 此表现反映了该患者的心理活动状态是
   A. 孤独
   B. 没有信心
   C. 抑郁
   D. 烦躁
   E. 焦虑

4. 对于该患者应采取的心理护理措施是
   A. 警告患者不要无故按信号灯
   B. 给其适量药物帮助睡眠
   C. 情感支持，多陪伴患者
   D. 不予理睬
   E. 示范脱敏疗法

(5~6题共用题干)

某患者，由于意外事故导致截肢，手术后该患者对自己的身体形象无法接受，整天发脾气，不愿意见人。

5. 该患者出现了什么样的心理问题
   A. 抑郁
   B. 自我概念变化与紊乱
   C. 焦虑
   D. 依赖
   E. 遵医行为问题

6. 对于该患者应采取的心理护理措施是
   A. 告诉患者要面对现实，不要再伤心
   B. 保持沉默
   C. 调动社会支持系统
   D. 表示同情但无能为力
   E. 阳性强化

四、简答题

1. 简述患者的一般心理需要。
2. 简述患者不遵医行为的原因。

五、案例分析题

张女士，36岁，1个月前因乳腺癌进行手术。术后一般情况良好，但近1周来该患者情绪低落、常常哭泣、兴趣下降、睡眠浅、易早醒、担心自己时日不多、悲观失望；觉得失去乳房会遭别人耻笑，认为自己不再是女人了；觉得活着毫无意义，出现了轻生的念头。请问：

1. 张女士目前主要的心理反应是什么？
2. 作为张女士的责任护士，针对她的表现应该采取哪些心理护理措施？

参考答案及解析

一、名词解释

1. 患者角色又称患者身份，是一种特殊的社会角色，是指从常态社会人群中分离出来、处于病患状态中并有求医要求和医疗行为的社会角色，是社会对患者所期望的行为模式。

2. 自我概念紊乱指对本人的认识的消极改变或不适应，可包括体像、自尊和角色或个人身份的消极改变。

二、填空题

1. 期待性焦虑　分离性焦虑　阉割性焦虑
2. 阉割性
3. 心理防御机制　自我中心加强　依赖性加强　兴趣狭窄
4. 自我暗示
5. 否认
6. 自我认识　自我评价　自我体验　自我监控
7. 心理闭锁
8. 焦虑
9. 共情技术　改变认知　社会支持　建立和谐的护患关系　心理疏导
10. 预防　检查　治疗

三、选择题

A$_1$型题

1. C
2. A
3. C
4. E
5. A　解析：疾病可使患者的思维特别是逻辑思维能力受到损害，最明显的表现是分析判断力下降，同时对医生、护士及家人的依赖性增加。
6. B
7. C
8. A　解析：患者角色强化，多发生于由患者角色向常态角色转化过程中。由于患者患病后依赖性增强和自信心减弱，对自己的能力表示怀疑，对承担原来的社会角色恐慌不安，安心于已适应的患者角色现状。
9. D　解析：安全感是患者最普遍、最重要的心理需要。因为患者认为自己的健康甚至生命受到威胁时易产生不安全感，便会产生紧张、恐惧和忧虑等情绪反应。患者把安全感和早日康复视为求医的最终目的。

10. C

11. C

12. A

13. E

A₂型题

1. B

2. A

3. B 解析：退化又称幼稚化，即其行为表现与年龄、社会角色不相称，退回到婴幼儿时期的模式。

4. A 解析：患者角色缺如，多发生在常态角色向患者角色转化过程中，或发生在疾病突然加重时。主要表现为意识不到自己有病，或对疾病所持的一种否认态度。

5. E

6. B

7. A

8. C

A₃型题

1. A   2. B   3. A   4. C   5. B   6. C

四、简答题

1. 患者的一般心理需要有：

（1）安全的需要。安全感是患者最普遍、最重要的心理需要。

（2）尊重的需要。进入患者角色以后，患者原有的社会角色随之丧失或减弱，自身价值感降低。这就使其在新的人际群体中被认识、被重视、被尊重的需要变得更加迫切，自尊的要求更强烈、更敏感。

（3）爱与归属的需要。患者入院后进入到一个陌生的环境，他们需要尽快地熟悉环境，被新的群体接纳；需要与病友沟通，在情感上被接纳，以满足个人的归属感。

（4）获得信息的需要。患者入院后在适应新环境的过程中需要大量信息以满足其心理需要。首先需要了解医院和自身疾病的相关信息，其次需要得知家庭的信息，此外还需要得到关于工作单位的信息等。

（5）获得和谐、舒适的治疗环境的需要。患者需要和谐、舒适的治疗环境，以缓解患者的紧张、焦虑、恐惧等情绪，增加舒适感，有利于疾病的康复。

2. 患者不遵医行为的原因有：①患者对医嘱内容不理解，记不住；②医患沟通不够，存在障碍；③某些慢性病患者因久治不愈，或因病情严重，而对治疗丧失信心，甚至抵制医嘱。

五、案例分析题

1. 张女士目前主要的心理反应是抑郁、焦虑、自我概念紊乱。

2. 心理护理措施包括：

（1）建立良好的护患关系，耐心倾听张女士诉说，理解她的感受；了解产生抑郁、焦虑情绪的原因，减轻其对疾病的过分担忧，增强其战胜疾病的信心。

（2）强化患者的社会支持系统，安排患者家属、朋友及时探视，引导他们安慰和鼓励患者，消除其恐惧感。

（3）给予患者心理支持与疏导，帮助张女士辨认焦虑、抑郁情绪，讨论引起焦虑、抑郁的原因，并讲解情绪与健康、疾病的关系。与张女士一起制订护理计划和执行计划。鼓励张女士正视自己身体的现状，接受现实，树立信心，战胜疾病。

（4）通过对张女士人际交往、自我照料及适应环境等方面的训练，帮助她建立实际的自我理想、期望和目标，并一同讨论目标实现的可能性。

（姜　伟）

实训六　焦虑情绪的调节

一、目的

缓解患者的焦虑情绪。

二、内容与方法

1. 评估

（1）患者的意识状态和沟通能力。

（2）患者对沟通的心理需求程度。

（3）患者面部表情、体态姿势、言语表情等表达的情绪状态。

（4）患者语言表达出的情绪状态。

（5）患者的心率、血压、神经系统、内分泌系统的变化及食欲、睡眠状况等生理方面的反应。

2. 计划

（1）护士准备：心理准备：调节情绪、态度和蔼。

　　　　　　　形象准备：衣着整齐、仪态端庄。

　　　　　　　内容准备：明确目的、确定内容。

（2）患者准备：理解、合作、躯体舒适。

（3）环境准备：安全、安静、光线适中。

3. 实施

（1）应用陪伴技巧及非语言行为传达对患者的关怀（如：默默不语、触摸安抚、任其哭泣或诉说）。

（2）鼓励患者用语言来表达感受、感觉。

（3）提供能使患者转移注意力的活动以降低紧张程度。

（4）协助患者对即将发生的事件做出符合现实的描述。

（5）提供有关疾病诊断、治疗及预后的实际信息。

（6）指导使用放松方法减轻焦虑。

(7) 帮助患者获得有力的社会支持，适时鼓励家属陪伴患者。
(8) 遵医嘱适当地给予药物以减轻焦虑。
(9) 倾听时，注视对方眼睛，身体微微前倾，适当给予语言回应，必要时可重复患者的语言。
(10) 适时使用共情技术，尽量感受和理解患者的情绪和情感，并用语言和行为表达对患者情感的理解，表示愿意帮助患者。
(11) 陪伴时，对患者使用耐心的、鼓励性的、指导性的话语，适时使用治疗性抚触。

4．评价

(1) 患者焦虑情绪得到缓解。
(2) 患者家属满意。
(3) 维护患者的隐私权与知情权。
(4) 用通俗的语言解释与疾病相关的专业名词。

三、考核

学生以小组为单位，以案例为载体，进行角色扮演。小组成员共同学习、相互合作，考核结果小组成员得分相同。

焦虑情绪调节实践考核表

班级：　　　　学号：　　　　姓名：　　　　得分：

项目总分	项目		考核内容	分值	扣分	说明
12	评估	护士要求	尊称患者、自我介绍	2		
			确认患者、解释	2		
		评估内容	患者的病情、意识情况、理解能力和表达能力	2		
			患者面部表情、体态姿势、言语表情等表达的情绪状态	2		
			患者语言表达出的情绪状态	2		
			患者心率、血压、神经系统、内分泌系统的变化及食欲、睡眠状况等	2		
8	计划（准备）	护士	调节情绪、明确目的、衣着整齐、仪态端庄	4		
		环境	安全、安静、光线适中	1		
		患者	理解、合作、有安全感、躯体舒适	3		

续表

项目总分	项目		考核内容	分值	扣分	说明
65	实施	内容与方法	疏导使其哭泣和诉说	5		
			鼓励患者用语言来表达感受、感觉	4		
			提供转移注意力的活动以降低紧张程度	4		
			协助患者对即将发生的事件做出符合现实的描述	4		
			提供有关疾病诊断、治疗及预后的实际信息	4		
			使用放松方法减轻焦虑	7		
			帮助患者获得有力的社会支持,适时鼓励家属陪伴患者	3		
			合理敏锐地提问	4		
			阐述解释科学、恰当	5		
			恰当使用鼓励性语言	4		
			恰当使用指导性语言	3		
			适时使用沉默技巧	3		
			恰当使用体触	3		
			倾听	4		
			共情	4		
		记录	记录患者反应	2		
			记录交谈时间	2		
15	评价	护士素质	着装整洁、仪表大方、举止端庄、面带微笑	2		
			尊重患者、解释耐心、语气柔和恰当、态度和蔼可亲	2		
		实施	方法正确	3		
		护理效果	患者配合,满意	4		
		护患沟通	有效,患者积极配合	4		
100				100		

实训七 恐惧情绪的调节

一、目的

缓解患者的恐惧情绪。

二、内容与方法

1. 评估

(1) 患者的意识状态和沟通能力。
(2) 患者对沟通的心理需求程度。
(3) 患者面部表情、体态姿势、言语表情等表达的情绪状态。
(4) 患者语言表达出的情绪状态。
(5) 患者的心率、血压、神经系统、内分泌系统的变化及食欲、睡眠状况等生理方面的反应。

2. 计划
(1) 护士准备：心理准备——调节情绪、态度和蔼。
　　　　　　　形象准备——衣着整齐、仪态端庄。
　　　　　　　内容准备——明确目的、确定内容。
(2) 患者准备：理解、合作、躯体舒适。
(3) 环境准备：安全、安静、光线适中。

3. 实施
(1) 对可能产生恐惧的原因进行评估。
(2) 采取有效措施减少或消除引起恐惧的有关因素。
(3) 去除有威胁性的刺激，避免突然的和可能引起疼痛的刺激。
(4) 鼓励患者表达自己的感受、感觉。
(5) 对可能发生的情境进行预测，环境有变化时尽可能提前通知患者。
(6) 向患者解释治疗、检查的程序，包括在此过程中可能体验到的各种感受。
(7) 要求家属或其他亲人陪伴患者。
(8) 陪伴患者直到恐惧消失，倾听患者述说或保持安静。
(9) 介绍一些能增加舒适和松弛的方法（读书、听音乐、呼吸练习等）。
(10) 倾听时，注视对方眼睛，身体微微前倾，适当给予语言回应，必要时可重复患者的语言。
(11) 适时使用共情技术，尽量感受和理解患者的情绪和情感，并用语言和行为表达对患者情感的理解，表示愿意帮助患者。
(12) 陪伴时，对患者使用耐心的、鼓励性的、指导性的话语，适时使用治疗性抚触。
(13) 合理使用恰当有力的保证。

4. 评价
(1) 患者恐惧情绪得到缓解。
(2) 患者及家属满意。
(3) 维护患者的隐私权与知情权。
(4) 用通俗语言解释与疾病相关的专业名词。

三、考核

学生以小组为单位，以案例为载体，进行角色扮演。小组成员共同学习、相互合作，考核结果小组成员得分相同。

恐惧情绪调节实践考核表

班级：		学号：	姓名：		得分：	
项目总分	项目		考核内容	分值	扣分	说明
12	评估	护士要求	尊称患者、自我介绍	2		
			确认患者、解释	2		
		评估内容	患者的病情、意识情况、理解能力和表达能力	2		
			患者面部表情、体态姿势、言语表情等表达的情绪状态	2		
			患者语言表达出的情绪状态	2		
			患者心率、血压、神经系统、内分泌系统的变化及食欲、睡眠状况等	2		
8	计划（准备）	护士	调节情绪、明确目的、衣着整齐、仪态端庄	4		
		环境	安全、安静、光线适中	1		
		患者	理解、合作、有安全感、躯体舒适	3		
65	实施	内容与方法	评估恐惧的原因	5		
			减少或消除引起恐惧的有关因素	5		
			去除威胁性的刺激，避免突然的和可能引起疼痛的刺激	4		
			鼓励患者表达自己的感受、感觉	4		
			对可能发生的情境进行预测，环境有变化时尽可能提前通知患者	4		
			向患者解释治疗、检查的程序，包括在此过程中可能体验到的各种感受	5		
			要求家属或其他亲人陪伴患者	3		
			恰当使用体触	4		
			倾听患者述说或保持安静	3		
			陪伴患者直到恐惧消失	3		
			指导患者增加舒适和松弛的方法	6		
			合理敏锐地提问	3		
			阐释科学、恰当	4		
			恰当有力地保证	4		
			共情	4		
		记录	记录患者反应	2		
			记录交谈时间	2		

续表

项目总分	项目		考核内容	分值	扣分	说明
15	评价	护士素质	着装整洁、仪表大方、举止端庄、面带微笑	2		
			尊重患者、解释耐心、语气柔和恰当、态度和蔼可亲	2		
		实施	方法正确	3		
		护理效果	患者配合，满意	4		
		护患沟通	有效，患者积极配合	4		
100				100		

实训八　抑郁情绪的调节

一、目的

缓解患者的抑郁情绪。

二、内容与方法

1. 评估

(1) 患者的意识状态和沟通能力。

(2) 患者对沟通的心理需求程度。

(3) 患者面部表情、体态姿势、言语表情等表达的情绪状态。

(4) 患者语言表达出的情绪状态。

(5) 患者的心率、血压、神经系统、内分泌系统的变化及食欲、睡眠状况等生理方面的反应。

2. 计划

(1) 护士准备：心理准备——调节情绪、态度和蔼。

　　　　　　　形象准备——衣着整齐、仪态端庄。

　　　　　　　内容准备——明确目的、确定内容。

(2) 患者准备：理解、合作、躯体舒适。

(3) 环境准备：安全、安静、光线适中。

3. 实施

(1) 帮助患者制订能够获得快乐或树立信心的短期活动计划。

(2) 鼓励患者放弃悲观和自我责备的想法。

(3) 向患者保证在其痛苦时护士会随时给予支持。

(4) 帮助患者寻求社会支持。

(5) 在患者能耐受的情况下鼓励患者多与人交往。

(6) 病情严重的患者考虑使用药物调节。

(7) 评估有无自杀的可能，需要时进行严密的看护。

(8) 倾听时，注视对方眼睛，身体微微前倾，适当给予语言回应，必要时可重复患者的语言。

(9) 适时使用共情技术，尽量感受和理解患者的情绪和情感，并用语言和行为表达对患者情感的理解，表示愿意帮助患者。

(10) 陪伴时，对患者使用耐心的、鼓励性的、指导性的话语，适时使用治疗性抚触。

4. 评价

(1) 患者抑郁情绪得到缓解。

(2) 患者及家属满意。

(3) 维护患者的隐私权与知情权。

(4) 用通俗语言解释与疾病相关的专业名词。

三、考核

学生以小组为单位，以案例为载体，进行角色扮演。小组成员共同学习、相互合作，考核结果小组成员得分相同。

抑郁情绪调节实践考核表

班级：　　　　学号：　　　　姓名：　　　　得分：

项目总分	项目		考核内容	分值	扣分	说明
12	评估	护士要求	尊称患者、自我介绍	2		
			确认患者、解释	2		
		评估内容	患者的病情、意识情况、理解能力和表达能力	2		
			患者面部表情、体态姿势、言语表情表达的情绪状态	2		
			患者语言表达出的情绪状态	2		
			患者心率、血压、神经系统、内分泌系统的变化及食欲、睡眠状况等	2		
8	计划（准备）	护士	调节情绪、明确目的、衣着整齐、仪态端庄	4		
		环境	安全、安静、光线适中	1		
		患者	理解、合作、有安全感、躯体舒适	3		
65	实施	内容与方法	疏导使其哭泣和诉说	5		
			鼓励患者放弃悲观和自我责备的想法	5		
			帮助患者制订能够获得快乐或树立信心的短期活动计划	4		
			鼓励患者用语言来表达感受、感觉	4		
			向患者保证在其痛苦时护士会随时给予支持	3		
			帮助患者寻求社会支持	3		

续表

项目总分	项目		考核内容	分值	扣分	说明
65	实施	内容与方法	在患者能耐受的情况下鼓励患者多与人交往	3		
			评估有无自杀的可能，需要时进行严密的看护	10		
			合理敏锐地提问	4		
			阐述解释科学、恰当	3		
			适时使用沉默技巧	3		
			恰当使用鼓励性语言	3		
			恰当使用体触	3		
			倾听	4		
			共情	4		
		记录	记录患者反应	2		
			记录交谈时间	2		
15	评价	护士素质	着装整洁、仪表大方、举止端庄、面带微笑	2		
			尊重患者、解释耐心、语气柔和恰当、态度和蔼可亲	2		
		实施	方法正确	3		
		护理效果	患者配合，满意	4		
		护患沟通	有效，患者积极配合	4		
100				100		

实训九　愤怒情绪的调节

一、目的

缓解患者的愤怒情绪。

二、内容与方法

1. 评估

（1）患者的意识状态和沟通能力。

（2）患者对沟通的心理需求程度。

（3）患者面部表情、体态姿势、言语表情等表达的情绪状态。

（4）患者语言表达出的情绪状态。

（5）患者的心率、血压、神经系统、内分泌系统的变化及食欲、睡眠状况等生理方面的反应。

2. 计划

(1) 护士准备：心理准备——调节情绪、态度和蔼。

　　　　　　　形象准备——衣着整齐、仪态端庄。

　　　　　　　内容准备——明确目的、确定内容。

(2) 患者准备：理解、合作、躯体舒适。

(3) 环境准备：安全、安静、光线适中。

3. 实施

(1) 与患者建立良好的信任关系。

(2) 根据患者的认知和生理功能来确定表达愤怒的适当行为。

(3) 鼓励患者当感到压力增加时寻求护士或其他可信赖人员的帮助。

(4) 协助患者识别愤怒的来源。

(5) 鼓励患者采取协作的态度解决问题。

(6) 预测到可能发生的攻击行为并在发生前给予干预。

(7) 教会患者能够让自己冷静下来的方法（如暂停活动、深呼吸）。

(8) 支持患者使用控制愤怒的策略和适当表达愤怒。

(9) 当患者用不适当的方式表达愤怒时，必要时用外部控制方法。

(10) 适时给予药物。

(11) 倾听时，注视对方眼睛，身体微微前倾，适当给予语言回应，必要时可重复患者的语言。

(12) 适时使用共情技术，尽量感受和理解患者的情绪和情感，并用语言和行为表达对患者情感的理解，表示愿意帮助患者。

(13) 陪伴时，对患者使用耐心的、鼓励性的、指导性的话语，适时使用治疗性抚触。

4. 评价

(1) 患者抑郁情绪得到缓解。

(2) 患者及家属满意。

(3) 维护患者的隐私权与知情权。

(4) 用通俗语言解释与疾病相关的专业名词。

三、考核

学生以小组为单位，以案例为载体，进行角色扮演。小组成员共同学习、相互合作，考核结果小组成员得分相同。

愤怒情绪调节实践考核表

班级：		学号：	姓名：	得分：		
项目总分	项目		考核内容	分值	扣分	说明
12	评估	护士要求	尊称患者、自我介绍	2		
			确认患者、解释	2		
		评估内容	患者的病情、意识情况、理解能力和表达能力	2		
			患者面部表情、体态姿势、言语表情表达的情绪状态	2		
			患者语言表达出的情绪状态	2		
			患者心率、血压、神经系统、内分泌系统的变化及食欲、睡眠状况等	2		
8	计划（准备）	护士	调节情绪、明确目的、衣着整齐、仪态端庄	4		
		环境	安全、安静、光线适中	1		
		患者	理解、合作、有安全感、躯体舒适	3		
65	实施	内容与方法	与患者建立良好的信任关系	5		
			确定表达愤怒的适当行为	5		
			鼓励患者当感到压力增加时寻求护士或其他可信赖人员的帮助	4		
			协助患者识别愤怒的来源	4		
			预测到可能发生的攻击行为并在发生前给予干预	5		
			教会患者能够让自己冷静下来的方法（如暂停活动、深呼吸）	10		
			支持患者使用控制愤怒的策略和适当表达愤怒	6		
			当用不适当的方式表达愤怒时，必要时用外部控制方法	6		
			鼓励患者采取协作的态度解决问题	4		
			合理敏锐地提问	4		
			倾听	4		
			共情	4		
		记录	记录患者反应	2		
			记录交谈时间	2		

续表

项目总分	项目		考核内容	分值	扣分	说明
15	评价	护士素质	着装整洁、仪表大方、举止端庄、面带微笑	2		
			尊重患者、解释耐心、语气柔和恰当、态度和蔼可亲	2		
		实施	方法正确	3		
		护理效果	患者配合，满意	4		
		护患沟通	有效，患者积极配合	4		
100				100		

（王凤荣）

第九章 不同年龄阶段患者的心理护理

重点与难点解析

一、儿童患者的心理特点与心理护理

1. 儿童患者的心理特点　分离性焦虑、恐惧、行为异常、皮肤饥饿、抑郁自卑、思念亲人。
2. 儿童患者的心理护理　提供符合儿童患者心理特点的病房环境，解除或缓解患儿的恐惧情绪，保护患儿的自尊，重视与患儿父母的沟通，根据不同年龄阶段患儿的心理特点进行心理护理：①婴幼儿患者：护士应满足患儿"皮肤饥饿"的心理需要，经常轻拍、抚摸、搂抱患儿或哄逗、讲话、微笑等，使患儿产生安全感、依恋感。②学龄前儿童患者：护士应与其建立良好的护患关系，帮助患儿熟悉环境，介绍小伙伴，讲明生病需住院的道理，设法尽快解除患儿紧张不安的情绪。通过游戏和榜样的作用，帮助患儿更好地配合治疗。③学龄期儿童患者：护士应耐心地进行安慰和体贴，争取患儿的信任和配合，让其理解疾病治疗的重要性，为安心治疗做好心理准备；运用强化理论，强化患儿好的行为；调节患儿的精神生活，消除住院生活的枯燥乏味感。

二、青年患者的心理特点与心理护理

1. 青年患者的心理特点　震惊与否认、急躁与焦虑、寂寞与孤独、失望与悲观。
2. 青年患者的心理护理　实施认知调整和心理疏导；满足患者参与活动的需要；协调并促进患友间的相互了解；丰富患者的精神生活，保护患者的自尊心。

三、中年患者的心理特点与心理护理

1. 中年患者的心理特点　焦虑急躁、悲观抑郁、敏感多疑、行为退化。
2. 中年患者的心理护理　尊重患者的人格，主动关心患者，缓解患者的不良情绪，协助患者调用社会支持系统。

四、老年患者的心理特点与心理护理

1. 老年患者的心理特点　自尊心强、恐惧与焦虑、自卑和无价值感、敏感与多疑、固执与刻板、孤独与寂寞。
2. 老年患者的心理护理　尊重老年患者的人格，关心老年患者，维持心理上的适度紧张，帮助老年患者克服不良心理，增进社会支持。

习 题

一、填空题

1. 心理学研究发现，人类和所有热血动物都有一种天生的特殊需要，即互相接触与抚摸，这种现象称为"_____"。
2. 护士和蔼的态度、娴熟的技术可以消除或减轻患儿的_____心理。
3. 疾病状态下的青年患者心理活动错综复杂，情绪反应强烈，变化无常，具有明显的_____。
4. 对老年患者的心理护理，除了一般患者的心理护理要求之外，还要考虑到他们_____、_____、_____方面的特点。
5. 老年患者突出的心理需求是_____和_____。

二、选择题

A₁型题

1. 儿童患病住院后，离开父母或亲人，其心理反应首先表现为
   A. 恐惧
   B. 行为异常
   C. 分离性焦虑
   D. 皮肤饥饿
   E. 思念亲人

2. 以下有关分离性焦虑描述**错误**的是
   A. 住院患儿由于离开父母而产生的一种焦虑
   B. 患儿可出现冷漠、呆板、口吃、吮指甲、尿床等现象
   C. 1岁以内婴儿常出现哭闹不止、拒食和睡眠不安
   D. 患儿年龄越大心理上的紊乱越突出
   E. 护士穿着白色工作服会加重患儿的焦虑

3. 下列关于儿童患者的心理特点**不正确**的是
   A. 分离性焦虑
   B. 恐惧
   C. 抑郁自卑
   D. 幼稚心理
   E. 行为异常

4. 以下病房环境**不符合**儿童患者心理特点的是
   A. 病室墙壁采用明快柔和的颜色
   B. 工作人员身着洁白的工作服
   C. 病室用色彩鲜明、活泼的图画装饰
   D. 摆放适量的玩具
   E. 设立儿童活动场所

5. 平素健康的青年人，当得知自己患有严重疾病时，首先出现的心理反应常是
   A. 悲观与抑郁
   B. 急躁与焦虑
   C. 震惊与否认
   D. 敏感与多疑
   E. 寂寞与孤独

6. 以下人群中，患者心理活动最复杂的是
   A. 学龄前患儿
   B. 学龄期患儿
   C. 青年患者
   D. 中年患者
   E. 老年患者

7. 与患者的沟通中，老年患者最强烈的

需要是
- A. 安全的需要
- B. 交往的需要
- C. 尊重的需要
- D. 情感的需要
- E. 信息的需要

8. 下列哪项**不是**中年患者不安心住院治疗的常见原因
   - A. 思念亲人
   - B. 忧虑事业
   - C. 工作繁忙
   - D. 家庭责任重
   - E. 较强的抱负

A₂型题

1. 患儿，男性，4岁。患病住院后，常常故意喊叫、摔东西，拒绝配合医护人员的治疗与护理，下列护士对该患儿的心理护理措施哪项应**除外**
   - A. 建立良好的护患关系
   - B. 帮助患儿熟悉环境
   - C. 讲明生病需住院的道理
   - D. 使其理解疾病治疗的重要性
   - E. 通过榜样的作用使患儿配合治疗

2. 患儿，男性，3岁。因病住院，突然离开父母和亲人，原本活泼好动的他变得冷漠、呆板，并出现吮指甲、尿床等现象。患儿的这种心理反应是
   - A. 行为异常
   - B. 抑郁
   - C. 分离性焦虑
   - D. 皮肤饥饿
   - E. 思念亲人

3. 患儿，女性，10个月，母乳喂养。住院后与母亲分离，患儿出现哭闹不止、拒食、睡眠不安等焦虑表现。在医院环境中，以下哪项措施最有利于减少患儿的焦虑
   - A. 医护人员的工作服颜色柔和
   - B. 设立母子病室
   - C. 播放悦耳动听的音乐
   - D. 准备美味可口的食物
   - E. 病室有色彩活泼的图画及玩具

4. 患儿，男性，2岁，住院后遇见穿白大衣的医护人员就往妈妈怀里钻，看见护士手里的针就号啕大哭，其心理反应属于
   - A. 恐惧
   - B. 焦虑
   - C. 愤怒
   - D. 退化
   - E. 反抗

5. 患者王某，男性，22岁，因慢性肾衰竭入院。患者非常焦虑，易激动，稍不如意就发脾气、摔东西，对该患者的心理护理措施**不正确**的是
   - A. 实施认知调整和心理疏导
   - B. 负性情绪非常强烈时应多加劝慰
   - C. 丰富患者的精神生活
   - D. 保护患者的自尊心
   - E. 协调并促进患友间的相互了解，消除寂寞感

6. 患者林某，女性，42岁。住院后变得情感脆弱，以自我为中心，要求医护人员及亲友给予更多关心，这种心理反应特点属于
   - A. 焦虑
   - B. 否认
   - C. 抑郁
   - D. 自卑
   - E. 行为退化

7. 患者李某，男性，80岁，离休干部。患病住院后，自尊心很强，不服老，特别希望医生和护士经常到病室探望，喜欢和护士讲述过去的光荣历史。在对患者的心理护理中，以下哪项措施**不利于维护患者的自尊**
   - A. 对患者的称呼要尊敬
   - B. 不随意打断患者的谈话
   - C. 凡事要与患者辩解清楚
   - D. 做事主动征求患者的意见

E. 日常用物放在便于拿取的地方

8. 患者李某，女性，70岁。患病住院后，儿女因工作忙，很少来探视，看到别的患者有亲友探望时很失落，非常渴望亲人常来陪伴。此种心理需求主要是

A. 需要照顾起居

B. 需要改善饮食

C. 需要安全保障

D. 需要得到重视

E. 需要获取信息

9. 患者张某，男性，76岁，退休教师。因"冠心病"住院治疗。患者情绪低落，自认为病情很严重，向护士抱怨医院环境差，不肯改变原有的生活习惯。对该患者的心理护理**不正确**的是

A. 耐心倾听患者的诉说

B. 设法说服患者改变生活习惯

C. 嘱患者家人常来探视

D. 指导患者适当活动

E. 鼓励患者回忆美好的往事

A₃型题

（1~2题共用题干）

患儿，女性，1岁，因病入院治疗，父母不能陪护。住院后常常哭闹、食欲减退、睡眠不安，喜欢咬手指、啃玩具。

1. 该患儿的这种心理反应是

A. 抑郁

B. 退化

C. 皮肤饥饿

D. 行为异常

E. 思念亲人

2. 对该患儿的此种心理反应，护士采取的心理护理措施**不正确**的是

A. 搂抱

B. 抚摸

C. 哄逗

D. 解释

E. 微笑

（3~6题共用题干）

患者小丽，女性，23岁，外企职员。因发热、关节疼痛、双侧面颊红斑，诊断为"系统性红斑狼疮"。起初她非常震惊，无法相信，拒绝治疗。经再次确诊后才住院，并恳请医生一定要尽快治好她的病。激素类药物的副作用使小丽的容貌、身材发生了变化，爱美的她病情稍一缓解就擅自停药，导致病情反复。

3. 根据上述情况，该患者的心理反应**不包括**

A. 震惊

B. 否认

C. 急躁

D. 恐惧

E. 焦虑

4. 住院期间，其他患者有亲友探视时，小丽就不禁黯然神伤，神情落寞。患者此时的心理特点可能为

A. 急躁焦虑

B. 寂寞孤独

C. 抑郁自卑

D. 思念亲人

E. 悲观失望

5. 小丽变得越来越沉默，整天愁眉紧锁、情绪低落。担心失去工作，害怕疾病影响未来的生活，感觉前途渺茫。此心理反应为

A. 失望与悲观

B. 焦虑与急躁

C. 自卑与无价值感

D. 恐惧与忧虑

E. 敏感与多疑

6. 对该患者的心理护理，以下哪项措施**不恰当**

A. 实施认知调整和心理疏导

B. 对患者的不遵医行为进行严厉批评

C. 协调并促进患友间的相互了解

D. 丰富患者的精神生活

E. 满足患者参与活动的需要

(7~10题共用题干)

患者林先生，48岁，某外资公司市场营销部经理。儿子上高中，父母由他赡养。最近因身体乏力、易疲倦、食欲减退、肝区时有疼痛，被确诊为"肝硬化"而入院治疗。住院期间林先生仍放不下工作，在病床上处理大量文件。要求医生用最好的药物治疗，希望住几天就能治愈出院。

7. 该患者的这种表现属于何种心理反应
   A. 寂寞孤独
   B. 焦虑急躁
   C. 固执刻板
   D. 自尊自强
   E. 行为异常

8. 该患者由于没能安心养病，病情时好时坏，因此常唉声叹气、忧心忡忡。患者此时的心理反应是
   A. 敏感多疑
   B. 失落伤感
   C. 悲观抑郁
   D. 寂寞孤独
   E. 分离性焦虑

9. 该患者看到医生、护士进病房就不停地询问病情，怀疑病情加重，变成了肝癌，变得脆弱、易激惹，稍不如意就向妻子发火，希望医护人员更加关心照顾他。患者此时的心理反应特点是
   A. 自卑与依赖
   B. 焦虑与急躁
   C. 悲观与抑郁
   D. 恐惧与愤怒
   E. 敏感多疑与行为退化

10. 护士应给予该患者的心理护理措施**不正确**的是
    A. 主动关心患者，禁止其在病房工作
    B. 将患者视为合作者，多征求和倾听他们的意见
    C. 尊重患者的人格，帮助其树立治疗信心
    D. 引导患者正确对待疾病，缓解其不良情绪
    E. 协助患者建立社会支持系统，消除后顾之忧

三、简答题

1. 简述不同年龄阶段患儿的心理护理要点。
2. 简述青年患者的心理特点及其心理护理。

四、案例分析题

【案例1】小军，男性，6岁，因急性肾炎入院。住院后，忧虑、孤僻、不爱说话，不同别的小病友玩耍，有时夜间尿床，时常从睡梦中惊醒，食欲不佳，不愿配合医生、护士的检查治疗。妈妈每次来探望，他都要求妈妈带他回家。临别时大哭大闹，不愿妈妈离开。小军父母离异，妈妈工作忙，探视次数少，且来去匆匆。小军以为自己有病，妈妈不再爱他，要遗弃他，觉得自己是多余的，很伤心。请问：

1. 小军生病住院后出现了哪些心理反应？
2. 针对小军的情况，应如何给予心理护理？

【案例2】患者张某，男性，73岁，退休干部。因"脑梗死"入院。患者意识清晰，发音含糊、情绪低落、沉默寡言。白天曾不顾保姆阻拦，非要下床如厕，险些跌倒。患者住院前身体硬朗，自己管理家务，热衷社区服务活动。老伴身体不好，儿子在外地，无人陪伴。因听人说"老年人73、84岁是个坎儿"，自认为此次生病命不长久。又听陪护人员讲"脑梗死十人患病九人瘫，此病麻烦"。想到以后生活不能自理，觉得活着没意义，整天忧心忡忡。

请问:
1. 张大爷患病后的心理特点有哪些?
2. 针对张大爷的心理状态,你如何对其进行心理护理?

参考答案及解析

一、填空题

1. 皮肤饥饿
2. 恐惧
3. 两极性
4. 生理　心理　社会适应
5. 被重视　受尊敬

二、选择题

A₁型题

1. C　解析:儿童与母亲间的"母子联结"关系使他们保持对周围环境的安全感和信任感,一旦与亲人分离,首先会产生分离性焦虑。
2. D　解析:1岁以内婴儿处于建立"母子联结"的关键时期,年龄越小的婴幼儿分离性焦虑的反应较年龄大的儿童越强烈。
3. D　解析:儿童患者的心理特点有分离性焦虑、恐惧、皮肤饥饿、行为异常、抑郁自卑和思念亲人,而幼稚心理指成年人情绪及行为表现幼稚化。
4. B　解析:工作人员身着洁白的工作服可加重儿童患者的焦虑。
5. C　解析:青年正是人生朝气蓬勃的时期。当青年人得知自己患有严重疾病时,首先出现的心理反应常是震惊与否认。
6. D　解析:中年患者来自家庭、事业的多重责任和负担,加之生理上开始向老年期过渡,导致患病后的心理反应最复杂。
7. C　解析:老年患者的自尊心强,突出的心理需求是被重视、受尊敬。
8. A　解析:中年人成熟理性,工作及家庭责任繁重,相比较而言思念亲人不是导致患者不安心住院的常见原因。

A₂型题

1. D　解析:学龄前儿童往往接受直观印象,不能深刻理解疾病治疗的重要性。
2. C
3. B
4. A
5. B　解析:患者负性情绪非常强烈时,认知水平往往下降,不易产生合作的愿望,此时护士不宜过多地安慰和劝解。
6. E
7. C　解析:老年患者自尊心强,希望受尊敬,对非原则性的问题不应与之争辩和计较。

8．D　解析：亲人常来陪伴反映家人的重视，希望受到重视是老年患者突出的心理需求之一。

9．B　解析：老年人的生活方式刻板，且较固执，除治疗需要外，应尽量维护他们的生活习惯。

A₃型题

1．C　解析：1岁以内婴儿处于建立"母子联结"的关键时期，儿童离开父母，出现哭闹、食欲减退、睡眠不安，喜欢咬手指、啃玩具等，是皮肤饥饿的现象。

2．D　解析：皮肤饥饿是指人际间相互接触和抚摸的心理需要，可通过抚摸、搂抱或哄逗、微笑等满足患儿，而解释不符合1岁儿童的心理特点。

3．D　解析：不相信诊断结果，拒绝接受治疗；恳请医生尽快治好她的病，担心容颜和身材，稍一缓解就擅自停药，致病情反复，分别是震惊与否认、急躁与焦虑的表现。

4．B

5．A

6．B　解析：护士应保护患者的自尊心，理解其不良行为。因此，批评应恰当，不可太严厉。

7．B　解析：不能安心养病、迫切要求早治愈是中年患者焦虑急躁的心理反应。

8．C

9．E　解析：不停地询问病情、怀疑病情加重是敏感多疑的表现；脆弱、易激惹、希望得到医护人员更多的关心等是行为退化的表现。

10．A　解析：护士应主动关心患者，病情许可时，准其带适量工作任务到病房，并酌情为之创造工作条件。

三、简答题

1．不同年龄阶段患儿的心理护理要点是：

（1）婴幼儿患者：护士应身兼母亲一职，满足患儿"皮肤饥饿"的需要，经常轻拍、抚摸、搂抱患儿或哄逗、讲话、微笑等，使患儿产生安全感、依恋感。

（2）学龄前儿童患者：护士应与其建立良好的护患关系，帮助患儿熟悉环境，介绍小伙伴，讲明生病需住院的道理，设法尽快解除患儿紧张不安的情绪。通过游戏和榜样的作用，帮助患儿更好地配合治疗。

（3）学龄期儿童患者：护士应耐心进行安慰和体贴，争取患儿的信任和配合，让其理解疾病治疗的重要性，为安心治疗做好心理准备；运用强化理论，强化患儿好的行为；调节患儿的精神生活，消除住院生活的枯燥乏味感。

2．青年患者的心理特点主要有：震惊与否认、急躁与焦虑、寂寞与孤独、失望与悲观。其心理护理措施包括：实施认知调整和心理疏导；满足患者参与活动的需要；协调并促进病友间的相互了解；丰富患者的精神生活；保护患者的自尊心。

四、案例分析题

【案例1】

1．小军住院后出现的心理反应有：

（1）分离性焦虑：表现为冷漠，如不爱说话、不与其他患儿交往等，有时夜间尿床，时常从睡梦中惊醒，食欲不佳。

（2）恐惧：表现为孤僻，认为妈妈要遗弃他，很悲伤。

（3）行为异常：有反抗和退化行为。前者表现为检查治疗时不合作，拒绝妈妈离开等对立行为；后者表现为尿床等。

（4）抑郁自卑：表现为忧虑、不爱说话，认为自己是个病孩子，是多余的。

（5）思念亲人：妈妈每次探望时，要求妈妈带他回家。

2. 心理护理措施包括：

（1）提供符合儿童患者心理特点的病房环境：病房环境及工作人员服饰颜色应明快柔和，装饰鲜明、活泼的图画，摆放适当的玩具，有条件可设儿童活动场所等。

（2）保护患儿的自尊：护士应理解患儿病后的各种心理反应，出现反抗、退化等行为时，应尽量安慰，多加鼓励，不可训斥。鼓励患儿配合治疗和护理，引导其适应新环境。

（3）解除或缓解患儿的恐惧情绪：护士应向患儿解释患病并不是自己的错，妈妈是爱他的，只是因工作不能常来看望。避免当着患儿的面讨论病情，治疗和检查时，要用儿童熟悉、可以理解的语言耐心解释，操作时动作轻柔，同时可让患儿适当地宣泄自己的情绪。

（4）重视与患儿母亲的沟通：应对患儿家长进行宣教和指导，取得配合和支持。嘱咐家长按时探视，多与患儿沟通，以减轻患儿的恐惧和思念，增加患儿的信任。

（5）根据学龄前患儿的心理特点进行针对性的护理：如与患儿建立良好的护患关系，帮助患儿熟悉环境，介绍小伙伴，讲明生病需住院的道理，设法尽快解除患儿的不良情绪。适当组织一些娱乐活动，通过游戏和榜样的作用，帮助患儿更好地配合治疗。

【案例2】

1. 张大爷患病后的心理特点包括：

（1）自尊心强：表现为非要下床如厕，险些跌倒，做力所不能及的事情。

（2）恐惧与焦虑：张大爷此次生病住院自认为命不长久，整天忧心忡忡。

（3）自卑和无价值感：张大爷想到以后凡事需人照料，觉得活着没意义。

（4）敏感与多疑：将此次生病与"73岁是个坎儿"及陪护人员的话语相联想，推测自己的病情可能很严重，表现为情绪低落、沉默寡言。

（5）固执与刻板：表现为不顾保姆阻拦，非要如厕。

（6）孤独与寂寞：主要原因是无人陪伴。

2. 心理护理措施包括：

（1）尊重老年患者的人格：此患者病前个性独立，希望被重视、受尊敬，不服老的心理特点尤其突出。因此，护士应理解患者，言谈举止中尊重老人，专心倾听，耐心解释，提建议时，语言应委婉，尊重患者的地位和人格。

（2）关心老年患者：密切关注患者的心理变化，准确地评估其生理和心理需求，并设法帮助解决。除治疗需要外，尽量照顾患者的饮食及生活习惯。创造安全舒适的环境，设置一些自助设备，日常用品放在易拿取的地方。

（3）维持心理上的适度紧张：宣传老年心理卫生知识，鼓励患者与其他病友进行交流。指导其在病情允许的情况下适当进行力所能及的活动，充分发挥健侧肢体的功能，分散其对疾病的注意力，消除孤独寂寞的心理。

（4）帮助老年患者克服不良心理：提供与疾病做斗争的事例，鼓励、启发患者，增强其心理承受能力。多做耐心细致的说明，提供有关的医学科普书籍供其阅读，使其彻底消除疑虑。

（5）增进社会支持：充分调动患者的各种社会关系，与患者单位和家人联系，嘱家人、亲友、老同事常来探视，单位组织派人看望，给予老人更多的安慰。

（周　惠）

第十章 临床特殊患者的心理护理

重点与难点解析

一、急危重症患者的心理特点与心理护理

1. 急危重症患者的心理特点　焦虑、恐惧；否认；孤独、抑郁；愤怒；依赖。

2. 急危重症患者的心理护理　①对负性情绪较重的患者应热情接待，解释入住监护病房的必要性和暂时性，沉着冷静、有条不紊地进行抢救，勿在患者面前谈论病情，鼓励合理宣泄，嘱咐家属勿在患者面前流露悲伤情绪；②对患者短期的否认，可不予纠正，对持续存在的否认应让患者明白，否认并不会使疾病消失，反而可能使病情蔓延或加重；③对即将撤离监护病房的患者，要耐心倾听其述说，做好解释，消除顾虑，必要时逐渐减少患者在监护病房所受的特殊照料，减少依赖，为撤离监护病房做好准备；④优化环境；⑤加强护患沟通，给予心理支持。

二、恶性肿瘤患者的心理特点与心理护理

1. 恶性肿瘤患者的心理特点　恐惧；否认-怀疑；愤怒-沮丧；抑郁；焦虑；依赖；消极拒医。

2. 恶性肿瘤患者的心理护理　①对患者进行医学知识宣教，在进行各项治疗前做好解释工作，使患者理解和配合。②根据患者的人格特征、适应能力、病情轻重、病程及对恶性肿瘤的认识等，慎重选择是否告知患者真相以及告知的方法和时机。③引导患者恰当地使用心理防御机制，根据患者的具体情况运用适当手段，缓解患者的心理压力，调动患者的社会支持系统。治疗结束后，适时鼓励患者恢复部分工作，有利于增强患者信心。④运用语言暗示方法，发挥药物的心理效应，鼓励患者运用自我暗示，由消极被动治疗转变为积极主动配合治疗。⑤允许患者试用无损正常治疗和病情的支持疗法，如中药疗法、气功、想象疗法等以获得慰藉；为可能脱发的患者准备假发；为可能恶心呕吐者备好缓解药物等。

三、残障患者的心理特点与心理护理

1. 残障患者的心理特点　否认；心理危机；自卑、抑郁；依赖、退化；认知错误；人格改变。

2. 残障患者的心理护理　①实施心理危机干预：鼓励患者参与娱乐活动，与病友交流，分散患者注意力，鼓励其进行一些简单的操作训练，消除消极暗示，合理应用心理治疗的方法；②帮助患者认识自我价值，理解生命的意义，对现实采取接纳态度；③鼓励患者尽早进行康复运动训练，发挥肢体代偿功能，通过参加运动锻炼产生欣快的自我体验，减轻紧张焦虑，克服依赖；④帮助患者正视现实，接受目前处境，指导患者与自己的不合理信念辩论，重建合理认知；⑤向患者讲解伤残的性质和预后，及时提供积极信息，鼓励患者说出心中苦

恼与烦闷，改善情绪障碍。

四、传染性疾病患者的心理特点与心理护理

1. 传染性疾病患者的心理特点　自卑、抑郁；恐惧；孤独寂寞；愤怒；敏感多疑。
2. 传染性疾病患者的心理护理　①介绍疾病的相关知识，消除紧张、恐惧、悲观情绪，指导患者以科学的态度认识传染病的危害性及隔离的必要性；②主动与患者进行情感沟通，让患者感到护士的真诚、温暖、可信、可敬，获得精神依靠；③进行护理操作时，讲清楚目的和意义，消除患者的顾虑和猜疑；④在患者面前不能有丝毫怕被传染的语言、表情和动作；⑤告诉患者传染病并不可怕，只要积极配合治疗、保持乐观的心态是可治愈的；⑥嘱家属应给予患者更多的关心、鼓励和支持，增强其战胜疾病的信心。

五、创伤患者的心理特点与心理护理

1. 创伤患者的心理特点　恐惧、退化；否认；焦虑；暴躁；抑郁；依赖。
2. 创伤患者的心理护理　①对意识清醒的患者，先稳定患者情绪以取得合作，保证救治的顺利进行，建立患者对医护人员的信任，增强患者安全感；②启迪疏导、帮助患者宣泄内心痛苦，缓解忧郁，摆脱困扰；③创造良好的康复环境，保持病室清洁整齐、安静舒适，帮助患者尽快适应环境，使患者产生积极情绪；④介绍同类疾病的康复过程，鼓励亲友探视，让家属参与康复锻炼，组织病友交流，避免和消除患者的孤独心理。

六、烧伤患者的心理特点与心理护理

1. 烧伤患者的心理特点　恐惧；惧怕疼痛；焦虑；猜疑；抑郁；悲观失望；自卑；性格改变。
2. 烧伤患者的心理护理　①关心、陪伴患者，消除因保护性隔离无家人陪伴而产生的孤寂感；②主动向患者及家属介绍病区环境、负责诊治的医生及护士的相关情况，使之消除陌生感，尽快适应医院生活；③向患者说明治疗与护理的目的、方法、意义，以解除患者疑虑，减轻其心理负担，便于配合，也有助于患者建立康复信心；④及时满足患者的要求，给予诚挚的帮助与鼓励；⑤主动做好患者亲友、同事的思想工作，让他们不要在患者面前流露出消极的情绪，并对患者细心呵护、关爱和鼓励，积极配合医护人员，促进患者早日康复。

七、慢性病患者的心理特点与心理护理

1. 慢性病患者的心理特点　沮丧心境；失助；自卑、愧疚；孤独；习惯化；焦躁、厌倦；揣测多疑。
2. 慢性病患者的心理护理　①心理护理与生理护理相结合，在妥善处理患者生理不适的同时给予心理安慰与支持；②耐心解释慢性病的特点，说明持续治疗的重要性，让患者认识到重视治疗、保持乐观情绪对促进康复的重要意义，激发患者治愈的信心，努力改变其不良心境；③指导患者掌握调节情绪、变换心境的方法；④创造舒适的病房环境，根据患者不同情况，适当组织活动，丰富病房生活，减轻负面情绪的干扰；⑤鼓励患者自我护理，摆脱依赖心理，适当承担家庭角色，适度接触社会，为日后恢复工作与生活做准备。

八、临终患者的心理特点与心理护理

1. 临终患者的心理特点　大多数临终患者心理活动变化分为否认、愤怒、妥协、抑郁、接受5个阶段。并非每一位患者都遵循此规律发展，抑郁在每个阶段都有不同程度的表现，否认和接受心理也可反复出现。

2. 临终患者的心理护理　①对处于否认期患者：护士应理解、体谅患者，对患者的否认不反驳、不争辩、不撒谎，也不轻易揭穿患者的心理防御机制，坦诚地回答患者的询问，医护人员和家属对患者的病情应保持一致的态度，多陪伴，运用非语言交流技巧，让患者感受护士的关心，与患者的交谈应因势利导，使患者逐步正视自己的病情、面对现实；②对处于愤怒期患者：护士应理解患者内心的痛苦，不要与其争执或表现出厌烦的情绪，尽可能满足患者的需要，给予患者表达愤怒的机会，劝说家属，不要计较与难过，要给予患者宽容、关爱、理解与支持；③对处于妥协期患者：护士应安慰患者并满足其需求，鼓励患者说出内心的感受，尊重患者的信仰，控制症状；④对处于抑郁期患者：护士应给予照顾和陪伴，允许其用哭泣等方式宣泄情绪，满足患者的合理需求，安排亲朋好友相聚，让家属陪伴，但要嘱咐家属控制情绪，注意安全，密切观察，预防自杀；⑤对处于接受期患者：尊重患者的选择，陪伴并给予心理支持，提供安静、明亮、整洁、舒适、单独的环境，减少外界干扰，加强生活护理。

九、疼痛患者的心理特点与心理护理

1. 疼痛患者的心理特点　具有个体化的主观体验；具有明显的个体差异；不同性质的疼痛刺激所伴随的心理反应也存在差异。

疼痛对患者的心理具有双重意义：一方面，疼痛是机体对有害刺激的一种保护性心理防御反应。另一方面，疼痛引起消极情绪又是不良刺激，可导致机体自主神经系统和内分泌系统功能的改变，对疾病的预后产生不良影响。

2. 疼痛患者的心理护理　①减轻患者的心理压力：倾听患者的主诉，鼓励其表达疼痛的感受，理解患者疼痛时的行为反应，向患者详细解释疼痛的原因及影响因素；②分散注意力：组织患者参加感兴趣的活动，如听音乐、听故事、看电视、愉快交谈等；③积极暗示：良好的言语暗示、安慰剂的使用或合理利用医生的权威作用，均可减轻疼痛或增强镇痛疗效；④缓解紧张情绪：护士运用热敷、按摩、改变体位、活动肢体、指导想象、有效深呼吸等方法，减轻患者疼痛，使患者的紧张情绪得以缓解。

十、药物治疗患者的心理特点与心理护理

1. 药物的心理效应　指患者对医护人员的威信，对药物的信任感和接受药物治疗时的体验、评价，外界的暗示等心理作用产生的综合效应，是影响药物治疗效应的重要因素。

2. 影响药物心理效应的因素　药物本身的特点；用药的方法和途径；药物种类；用药心理；人格特征；文化因素；医护人员特点。

3. 药物心理依赖　药物心理依赖的主要表现为强烈的用药愿望，向医护人员不断诉说病情严重，全身不适，主动要求用药，甚至想办法骗取药物；患者用药后自觉症状减轻或消失。产生药物心理依赖的因素有：药物因素、疾病因素、人格因素、社会因素。

4. 药物治疗患者的心理护理　①对于一般药物治疗的患者，护士应做好用药前指导，

选择恰当的用药时机，对出现抗药心理、怀疑或拒绝用药的患者，应耐心解释，切勿指责、批评，不能恐吓患者接受用药。用药时应在言行举止上给患者积极的心理暗示，避免消极的心理暗示。对待患者要热情有礼、语言亲切、态度和蔼，取得患者信任，以免患者怀疑用药而出现消极的心理效应。②对于化疗的患者，应介绍化疗的必要性、化疗的方案及化疗药物的毒副作用，增加患者间交流，鼓励患者生活自理、积极参与社会活动。化疗中及时向患者讲解化疗的效果，增强治疗信心。正确、有效地回答患者提出的问题。化疗后应主动与患者沟通，给予安慰和鼓励，生活上给予帮助与照顾，请同类患者现身说法，鼓励患者树立战胜疾病的信心，利用社会支持，激发生活的勇气和信心，使其乐观对待疾病。

十一、手术治疗患者的心理特点与心理护理

1. **手术治疗患者的心理特点** ①手术前患者的心理反应以焦虑和恐惧最常见，术前焦虑水平适中者，术后效果最好；②手术中患者主要表现为对手术过程的恐惧和对生命安危的担忧；③手术后，多数患者因手术解除了病痛而心情愉快，但部分患者术后可出现意识障碍，表现为应答缓慢、定向不全，严重者伴有幻视，有的患者因面临部分生理功能丧失、体像改变以及手术效果达不到期望、生活部分或完全不能自理，易产生焦虑、抑郁等心理，有的患者在截肢术后，产生自卑、依赖、无能的心理。

2. **手术治疗患者的心理护理** ①手术前护士应提供手术相关信息，帮助患者学会放松、分散注意力、深呼吸等方法，采用倾听、解释、保证、指导、鼓励等技术，给予患者强有力的心理支持，帮助患者获得社会支持。②手术中应保持肃静，手术器械要掩蔽。手术室内不应闲谈嬉笑，也不要窃窃私语。减轻手术器械的碰击声。遇到意外情况，应镇静从容。医护人员应全神贯注、密切配合、动作轻稳。对于精神紧张的患者应指导其进行有效深呼吸、分散注意力。③手术后护士应及时反馈手术信息，鼓励患者用语言表达疼痛，遵照医嘱使用镇痛药物，指导患者采用听音乐、数数字、放松、分散注意力等非药物措施，减轻疼痛，对因手术导致躯体的完整性受破坏或生理功能受影响的患者应帮助其消除抑郁情绪，鼓励其积极对待人生。

十二、器官移植患者的心理特点与心理护理

1. **器官移植患者的心理特点** 异体物质期患者的主要心理反应是抑郁，有的患者在心理上产生强烈的异物感；认同期患者希望详细了解供者的全面情况及其人格特点，一旦获得详情，会极力模仿；在同化期，受者的人格特点可因供者的影响而发生戏剧性变化。

2. **器官移植患者的心理护理** ①术前向患者介绍器官移植的基本情况和实际风险。②术后护理重点主要在异体物质期。如果患者因为排斥反应及激素的应用，引起性格、情绪等暂时的改变，应多做患者的思想工作，使其增强信心。鼓励社会及家属给予患者经济和精神的支持，减轻抑郁、焦虑情绪，提高对术后治疗的依从性和生活质量。

十三、透析治疗患者的心理特点与心理护理

1. **透析治疗患者的心理特点** 矛盾、焦虑与抑郁、孤独、敌对。

2. **透析治疗患者的心理护理** ①透析前应耐心倾听，了解产生不良情绪的原因，认真讲解透析治疗的原理、方法、必要性及透析中可能出现的并发症；②透析时主动介绍有关知识，如出现呕吐、寒战等不适时，告知是暂时现象，解释其发生的原因，及时处理；③透析

后告诉患者可能出现的并发症，认真观察其行为变化，防止自杀，密切联系患者家属和单位，给患者强大的社会支持。

习 题

一、名词解释

1. 药物的心理效应
2. 疼痛

二、填空题

1. 大多数临终患者心理活动变化分为否认、愤怒、_____、_____、接受5个阶段。
2. 传染性疾病患者的心理特点主要是自卑、抑郁、恐惧、孤独寂寞、_____、_____。
3. 器官移植术后的心理护理，护理重点主要在_____期。
4. _____是术前患者最常见的心理反应。

三、选择题

A₁型题

1. 急危重症患者初入监护病房后1~2天，最典型的心理特点是
   A. 依赖
   B. 焦虑、恐惧
   C. 否认
   D. 孤独
   E. 愤怒

2. 针对急危重症患者的否认心理，**不正确**的观点为
   A. 否认是自我保护措施
   B. 短期的否认可不予以纠正
   C. 否认可使患者减轻烦恼
   D. 持续的否认心理可不予处理
   E. 疾病不会因否认而消失

3. 对术后患者的心理护理**不妥**的是
   A. 及时反馈手术信息
   B. 介绍手术过程
   C. 缓解术后疼痛
   D. 帮助患者做好出院准备
   E. 帮助患者克服抑郁、焦虑情绪

4. 外科手术前患者最突出的心理反应是
   A. 抑郁与忧虑
   B. 孤独与依赖
   C. 焦虑与恐惧
   D. 否认与疑虑
   E. 愤怒与反抗

5. 有关术前焦虑的程度与手术效果的关系，正确的说法是
   A. 无焦虑者手术效果最好
   B. 轻度焦虑者手术效果较好
   C. 严重焦虑者手术效果最差
   D. 过度焦虑者不用服药，以避免影响手术效果
   E. 中度焦虑者手术效果最差

6. 影响疼痛的心理社会因素**不包括**
   A. 暗示
   B. 情绪
   C. 人格
   D. 早期经验
   E. 经济

7. 临终患者的心理反应，一般排列顺序为
   A. 否认期、抑郁期、妥协期、愤怒

期、接受期

B. 否认期、妥协期、愤怒期、接受期、抑郁期

C. 否认期、愤怒期、妥协期、抑郁期、接受期

D. 抑郁期、愤怒期、否认期、妥协期、接受期

E. 抑郁期、否认期、愤怒期、妥协期、接受期

8. 以下哪种情况是一种令人不快的感觉和情绪上的感受，伴随着现有的或潜在的组织损伤

A. 疼痛
B. 痛觉
C. 痛反应
D. 疼
E. 痛

9. 当临终患者感到恐惧、绝望，产生愤怒、怀疑时，护士应

A. 热情鼓励，帮助其树立信心
B. 指导用药，减轻患者痛苦
C. 理解、陪伴、保护患者
D. 说服患者理智面对病情
E. 同情、照顾，满足患者要求

10. 影响药物心理效应的因素**不包括**

A. 人格特征
B. 药物的本身的特点
C. 文化
D. 药物的溶解度
E. 用药的方法和途径

11. 器官移植术后异体物质期患者的主要心理反应是

A. 易激惹
B. 人格特点受供者影响而发生戏剧性变化
C. 恐惧有所好转
D. 迫切希望了解供者的全部历史及特征
E. 抑郁

12. 下列哪项**不是**透析治疗患者的心理特点

A. 攻击
B. 矛盾
C. 敌对
D. 孤独
E. 抑郁

13. 因他人致伤或斗殴等原因受创伤的患者，常表现出焦虑不安、心神不宁、易怒，对肇事方、家属、医护人员莫名其妙地发泄不满；有时毫无理智、难以自控，对治疗和护理不合作，甚至攻击自己。这种心理特点是

A. 恐惧
B. 抑郁
C. 沮丧
D. 暴躁
E. 依赖

14. 当久治不愈的患者期待康复的希望很难实现时，患者无能为力，陷于悲观绝望中，常表现为

A. 恐惧
B. 失助
C. 自卑
D. 否认-怀疑
E. 依赖

15. 长期的疼痛、肢体功能障碍、容貌无法恢复，得不到期望中家庭和社会的重新接纳与支持，无法应对生活中的各种困难与挫折，会使得患者自卑、沉默、暴躁等行为反应逐渐固定，形成相应的习惯和个性特征，发生

A. 自卑-抑郁
B. 认知错误
C. 沮丧
D. 否认-怀疑
E. 性格改变

16. 对恶性肿瘤患者的心理护理**不包括**

A. 引导患者正确认识疾病

B. 正确履行告知义务
C. 心理支持
D. 积极的心理暗示
E. 发挥身心代偿功能，重视康复锻炼的心理效应

17. 对创伤患者主要的心理护理**不包括**
    A. 陪伴、鼓励
    B. 启迪疏导，帮助患者摆脱困扰
    C. 创造良好的康复环境
    D. 稳定患者情绪，增强患者的安全感
    E. 为鼓励患者自立自强，尽量减少家属探视和参与康复训练

A₂型题

1. 某患者，女性，36岁，1个月前因乳腺癌进行手术，术后一般情况良好，但近1周，患者情绪低落，常常独自落泪，对自己的生存非常悲观，各种兴趣下降，睡眠浅，易醒。患者的这种情绪状态属于
    A. 焦虑
    B. 恐惧
    C. 抑郁
    D. 愤怒
    E. 绝望

2. 李先生，男性，69岁，确诊为肝癌晚期，病情日趋恶化，患者情绪低落，向亲友交代后事，此时患者心理反应处于
    A. 否认期
    B. 愤怒期
    C. 抑郁期
    D. 妥协期
    E. 接受期

3. 张某，男性，28岁，阑尾切除术后当晚，因切口疼痛而遵医嘱肌内注射了一支生理盐水（医生告之为哌替啶）后，患者疼痛明显减轻，说明
    A. 该患者没有真正的疼痛
    B. 医生的手术技术高超，术后无疼痛
    C. 暗示可以使疼痛减轻
    D. 生理盐水本身有镇痛作用
    E. 该患者对疼痛的耐受力强

4. 张某，女性，26岁，慢性白血病患者。近日病情再度恶化，整日以泪洗面，以下护理措施**不妥**的是
    A. 同情患者，给予细致入微的关怀
    B. 陪伴患者，规劝其不要哭泣
    C. 尽量满足患者的需求
    D. 允许家属陪伴和亲友探望
    E. 随时注意安全，预防患者的自杀倾向

5. 患者，男性，60岁。因突发胸闷、气喘、不能平卧，被诊断为心肌梗死收入重症监护病房。患者不爱说话，表情紧张，特别注意身上的监护装置，还自言自语："这次我恐怕过不去了。"又问："李护士，我的家人呢？"患者目前主要的心理反应是
    A. 依赖
    B. 愤怒
    C. 否认
    D. 孤独
    E. 焦虑、恐惧

6. 患者，男性，40岁。患失眠症多年，曾四处求医，后听病友介绍，某医院有位医术高明、服务态度好的医生，治好了他的失眠症。患者听后，便慕名而去。医生详细询问病情并进行检查后，耐心向其讲解疾病及药物治疗的相关知识，仍然给予患者曾服用过的药物。患者服药一段时间后，收到明显的效果。这种作用属于
    A. 药物生理效应
    B. 药物暗示效应
    C. 药物心理效应
    D. 药物依赖效应
    E. 药物生理心理效应

7. 患者，男性，65岁。因严重的扩张型

心肌病进行了心脏移植手术。术后他改变了：从懦弱变得好斗，从沉默变得开朗，从木讷变得浪漫，从不爱运动变得很爱运动。该患者的心理反应属于

A. 异体物质期
B. 认同期
C. 同化期
D. 抑郁期
E. 异化期

8. 患者，男性，45岁。因"慢性肾衰竭"入院，进行肾透析治疗。患者表现为坐立不安、沉默不语、消沉、感叹自己无用。对该患者的心理护理措施以下**不恰当**的是

A. 密切护患关系
B. 做好解释安慰
C. 调用社会支持系统
D. 讲解透析治疗的原理、方法
E. 讲解透析治疗的危险性

9. 患者，男性，65岁，获知自己患肺癌，极力否定癌症的诊断，怀疑诊断报告有错误，不断询问证实。这种心理特点是

A. 恐惧
B. 抑郁
C. 沮丧
D. 否认-怀疑
E. 依赖

10. 患者，女性，26岁，因交通事故造成多处骨折，疼痛，出血较多，意识清醒，送入医院急救，对此患者，护士首先要做的是

A. 陪伴、鼓励
B. 启迪疏导，帮助患者摆脱困扰
C. 创造良好的康复环境
D. 稳定患者情绪，增强患者的安全感
E. 帮助患者适应医院环境

11. 患者刘某，女性，28岁，全身大面积烧伤，现已进入康复期，逐渐觉察到烧伤造成肢体伤残、外貌改变，感到生活暗淡、前途无望，对生活丧失信心。这种心理特点源于

A. 自卑
B. 认知错误
C. 沮丧
D. 否认-怀疑
E. 人格改变

12. 患者李某，男性，53岁，患糖尿病12年，因身体原因提前退休，住院期间情绪低落。对李某的心理护理**不包括**

A. 心理护理与生理护理相结合
B. 改善患者认知，鼓励其树立信心
C. 使患者掌握调节情绪的方法
D. 创造舒适的病房环境，丰富患者的住院生活
E. 教会患者自测血糖的方法

13. 张某，男性，24岁，颈部轻度烧伤，今日由亲属、同学陪护入院，你认为目前对该患者心理护理的首要措施应为

A. 关心、陪伴
B. 帮助患者适应环境
C. 支持、鼓励
D. 动员患者的社会支持系统
E. 消除患者疑虑，减轻患者的心理负担

14. 刘某，男性，42岁，肝癌终末期，该患者几乎停止了所有日常活动，脱离社会生活，害怕被冷落和抛弃，像孩子一样寻求保护，期望更多的照顾，这种心理特点是

A. 恐惧
B. 抑郁
C. 沮丧
D. 否认-怀疑
E. 依赖

15. 患者张某，32岁，因突然伤残，认

为意外是不公正的人祸;随后不愿意参加治疗与康复训练。这种心理为

A. 自卑-抑郁
B. 认知错误
C. 沮丧
D. 否认-怀疑
E. 人格改变

A₃型题

(1~2题共用题干)

患者,男性,59岁,小学文化,近日牙痛,遵医嘱规律服药,但患者自诉白天工作紧张牙痛减轻,晚上牙痛却特别明显,难以入睡。

1. 该患者的牙痛现象,说明疼痛与哪种心理社会因素相关
   A. 个性
   B. 年龄
   C. 情境
   D. 情绪
   E. 注意力

2. 对于该患者正确的心理护理措施是
   A. 建立良好的护患关系,认真地听取患者的疼痛主诉
   B. 向医生建议增加药物的剂量
   C. 转移注意力
   D. 利用暗示提高治疗效果
   E. 放松疗法

(3~4题共用题干)

张先生,50岁,体检时B超发现肝有8cm×7cm包块,初步诊断为原发性肝癌。张先生感觉自己身体状况良好,对检查结果不相信,并想到其他医院再做检查。

3. 张先生此时的心理反应为
   A. 否认期
   B. 妥协期
   C. 愤怒期
   D. 接受期
   E. 抑郁期

4. 对张先生的心理护理正确的是

A. 告诉他已确诊无需再做检查
B. 附和他说检查结果不可信
C. 安慰他是良性肿瘤不用担心
D. 对患者的任何反应不表态、不作为
E. 与医生、家属统一口径并协助其做进一步检查

(5~6题共用题干)

患者,女性,35岁。因"多发性子宫肌瘤"入院,拟手术治疗,患者入院后一直沉默不语,唉声叹气,担心子宫切除后会失去女性特征,影响夫妻生活及家庭幸福。

5. 该患者术前的主要心理反应是
   A. 自卑
   B. 孤独
   C. 依赖
   D. 愤怒
   E. 焦虑和恐惧

6. 对该患者的心理护理措施以下**不恰当**的是
   A. 合理解释
   B. 恰当保证
   C. 安排家属给予心理支持
   D. 缓解疼痛
   E. 耐心倾听

(7~8题共用题干)

"我就是林黛玉。"在竞争角色时,陈晓旭只选择扮演黛玉,不肯迁就尝试其他角色。"十几岁时,我就开始理解她、感受她,还把她的诗抄写在日记本上。如果追溯到前世,也许会更奇妙,说不定我们就是一个人呢。"她在日记中写道。陈晓旭在大观园3年封闭环境的训练里,在刻意接近和潜移默化中,林黛玉性格被逐步强化。陈晓旭确诊乳腺癌后,毅然拒绝手术,出家修行,于次年病逝。

7. 在此案例中,患者拒医最深刻的原因是下列哪一项
   A. 对疾病治疗的恐惧
   B. 对身体完整性破坏的顾虑
   C. 个性因素

D. 对疾病预后的恐惧
E. 抑郁
8. 你认为对有此类心理活动的患者心理护理的首要措施应为
   A. 改变个性
   B. 引导患者正确认识疾病
   C. 心理支持
   D. 正确履行告知义务
   E. 积极的心理暗示

(9~10题共用题干)

北京奥运会开幕式领舞之一刘岩意外摔成重伤导致高位截瘫，曾经在舞台上极其自信的她，摔伤后也一度相信自己肯定有一天会站起来，但随着时间推移，刘岩越来越发现，自己的腿根本没有任何知觉，也没有任何变化，这时她才努力告诉自己接受现实。

9. 你认为描述刘岩此时的心理特点最合适的是
   A. 恐惧
   B. 愤怒、否认
   C. 妥协、接受、沮丧
   D. 过高期望
   E. 悲观
10. 你认为此时应对刘岩进行哪方面的心理护理
    A. 培养良好的自我意识
    B. 发挥身心代偿功能，重视康复锻炼的心理效应
    C. 重建合理认知
    D. 实施心理疏导
    E. 进行放松训练

(11~12题共用题干)

小江在急诊科参与抢救过一名严重创伤患者，当时患者的情况很危急，患者瞪大眼睛紧紧地盯着值班医生，仿佛想用尽全力地喊出什么，他求救的表情令小江久久不能平静。

11. 患者此阶段的心理特点为
    A. 恐惧
    B. 愤怒
    C. 否认
    D. 依赖
    E. 妥协、接受
12. 针对患者的心理特点，护士应
    A. 陪伴、鼓励
    B. 启迪疏导，帮助患者摆脱困扰
    C. 进行放松训练
    D. 稳定患者情绪，增强患者安全感
    E. 创造良好的康复环境

(13~14题共用题干)

感动湖北的毁容母亲熊丽严重烧伤，烧伤面积达40%，为确保胎儿健康，接受了无副作用却疼痛难忍的保守治疗。但因为无法继续承担治疗费用，熊丽无奈地离开医院，返回家中休养。

13. 该患者出院初期可能会出现的心理反应是
    A. 恐惧、退化
    B. 愤怒、否认
    C. 退化、自卑
    D. 焦虑、悲观
    E. 妥协、接受
14. 今后，随着该患者逐渐从患者角色向家庭、社会角色的转变，她可能会产生什么心理
    A. 恐惧、退化
    B. 愤怒、否认
    C. 自卑、性格改变
    D. 焦虑、悲观
    E. 妥协、接受

四、简答题

1. 如何做好手术前患者的心理护理？
2. 如何为疼痛患者实施心理护理？

五、案例分析题

【案例1】患者王某，男性，70岁。诊断为肝癌晚期。其了解病情后，情绪异常，抱怨命运不公，家人不关心，指责护士不尽力，在治疗护理中配合差。请问：

1. 患者的心理反应属于哪个阶段？
2. 针对患者的特殊心理反应，护士应如何实施心理护理？

【案例2】患者陈某，女性，70岁。患有"乙型肝炎"。其女儿每天用消毒液把家中里里外外擦拭好几遍，凡是老人碰过的物品均要全部消毒。老人感觉自己成了祸根，成了多余的人，在家里一切都不自然了，女儿都嫌弃自己了，活下去真没意思。请问：

1. 该患者的主要心理反应是什么？
2. 针对该患者情况，如何做好心理护理？

【案例3】刘大爷，72岁，患糖尿病20年，平素非常注意饮食、锻炼，近日来刘大爷特别关注张大爷，不停地跟老伴说："隔壁老张最近气色好，上周和他一起体检，各项指标结果都比我的好，大夫还夸他。我俩天天在一起锻炼，他是不是得了什么偏方，不愿意告诉我?!"请问：

1. 刘大爷为什么会有这样的怀疑？
2. 对慢性病患者如何进行心理护理？

参考答案及解析

一、名词解释

1. 药物的心理效应是指患者对医护人员的威信，对药物的信任感和接受药物治疗时的体验、评价，外界的暗示等心理作用产生的综合效应，是影响药物治疗效应的重要因素。
2. 疼痛是由实际的或潜在的伤害所引起的一种不愉快的感觉和情绪的体验。

二、填空题

1. 妥协　抑郁
2. 愤怒　敏感多疑
3. 异体物质
4. 焦虑和恐惧

三、选择题

A₁型题

1. B
2. D　解析：针对患者持续的否认心理应引起注意。因否认并不会使疾病消失，反而可能使病情蔓延或加重。
3. B
4. C
5. C　解析：术前焦虑程度与术后效果存在着倒"U"形的函数关系。

6. E

7. C

8. A 解析：疼痛是由实际的或潜在的伤害所引起的一种不愉快的感觉和情绪上的体验。

9. C 解析：患者的愤怒源于其内心的恐惧与绝望。护士的理解、陪伴、保护能有效地减轻患者内心的恐惧与绝望。

10. D

11. E

12. A

13. D

14. B

15. E

16. E

17. E 解析：对创伤患者应鼓励亲友探视，让家属参与患者的康复锻炼过程，既利于出院后康复锻炼，又减轻患者的孤独恐惧心理。

A_2 型题

1. C 解析：情绪低落、常常独自落泪、对自己的生存非常悲观、各种兴趣下降、睡眠浅、易醒属于抑郁的表现。

2. E

3. C 解析：生理盐水使疼痛减轻，属于暗示作用，起安慰剂效应。

4. B 解析：对于抑郁期的临终患者，哭泣是宣泄不良情绪的一种方式，护士不应规劝，而应允许并疏导其宣泄不良情绪。

5. E 解析：刚进入重症监护病房的急危重症患者主要的心理反应是焦虑恐惧，该患者表现出了焦虑和恐惧。

6. C 解析：医护人员的特点如言谈举止、知名度、权威性等能影响药物的心理效应。医术高明、服务态度好能增强药物心理效应。

7. C

8. E 解析：讲解透析治疗的危险性会加重患者的心理负担，应讲解可能发生的并发症。

9. D

10. D 解析：对遭受创伤、意识清醒、需进行急救的患者，首要的是稳定患者情绪以取得其合作；使患者建立对医护人员的信赖，获得良好的医患、护患关系，提高患者救治的信心；以严肃认真的态度、精湛的技术、敏锐的观察力和敏捷准确的操作保证救治的顺利进行，树立护士的良好形象，增强患者的安全感。

11. A 解析：当烧伤患者逐渐觉察到烧伤造成肢体伤残、外貌改变，甚至一些肢体功能丧失影响个人前途，今后学习、工作、生活等都会十分困难时，常产生自卑心理，感到生活暗淡、前途无望，对生活丧失信念，对重新回到社会生活中缺乏信心。

12. E

13. B 解析：患者入院初期，护士应热情接待，主动向患者及家属介绍病区环境、负责诊治的医生及护士的相关情况，使之消除陌生感，尽快适应医院生活。

14. E 解析：终末期患者常出现退化和依赖，寻求保护，依赖更多的照顾。

15. B 解析：因伤残的突然发生，患者受不良刺激，患者常产生不合理认知，往往会把伤残看成是不公正的人祸，而将愤怒情绪指向本人或他人。

A₃型题

1. E
2. C
3. A
4. E
5. E
6. D
7. C 解析：在此案例中，患者拒医受其本身个性、信仰与价值观的深刻影响。
8. B 解析：首先需要引导患者正确认识疾病，其次从患者信仰与价值观角度进行进一步评估与引导。
9. C 解析：经过愤怒、否认、期盼的心理变化，刘岩此时的心理特点为妥协、接受及过高期望后的失望与沮丧。
10. B 解析：鼓励该患者进行功能训练，发挥肢体代偿功能，通过参加运动锻炼产生欣快的自我体验，减轻紧张焦虑，树立康复的信心。
11. A 解析：抢救时患者的心理需要以安全需要为主，表现为恐惧、寻求保护。
12. D 解析：对遭受创伤、意识清醒、需进行急救的患者，首要的是稳定患者情绪，增强患者安全感。
13. D 解析：出院后，该患者面临家庭经济负担、后期治疗无法继续、身体功能障碍等改变，可能会出现焦虑与悲观心理。
14. C 解析：此时患者处于康复期，可能因烧伤造成肢体伤残、外貌改变、肢体功能丧失，影响今后工作、生活而产生自卑，丧失对生活的信念，甚至发生性格的改变。

四、简答题

1. 提供手术相关信息；行为控制，给予心理支持，帮助获得有力的社会支持。
2. 减轻患者的心理压力；分散注意力，暗示，缓解紧张情绪。

五、案例分析题

【案例1】
1. 患者的心理反应属于愤怒期。
2. 对处于愤怒期的患者，护士要认真倾听患者述说，理解患者的心理感受，允许、谅解、宽容患者以发怒、抱怨、不合作的行为来宣泄内心的不快。说服患者家属，不要计较和难过，给予患者关爱和理解，并与护士合作，帮助其度过这一时期。

【案例2】
1. 患者的心理反应主要是抑郁、恐惧。
2. 心理护理措施包括：①向患者及患者家属解释乙型肝炎病毒主要通过血液这一渠道传播，饮食、接触等不会导致传染；乙型肝炎并不可怕，只要积极配合治疗、保持乐观的心态是可治愈的，以消除患者及家属的紧张心理。②对患者女儿的过于紧张给予理解，同时告知不可表露出对母亲嫌弃的语言、表情和行为。

【案例3】

1. 慢性病患者因疾病久治不愈或反复发作常出现忧虑情绪，病情稍有反复或有新近症状出现时易揣测而导致更多的疑虑。刘大爷关注张大爷的根本原因是对自己身体的关注和疑虑。

2. 对慢性病患者的心理护理措施包括：

(1) 心理护理与生理护理相结合：慢性病患者多有疼痛等症状，易引起不良情绪，应在妥善处理患者生理不适的同时进行心理安慰与支持。

(2) 改善患者认知，减轻患者疑虑：应耐心解释检查结果，及时提供相关信息，减轻患者疑虑；阐明慢性病及其治疗的特点，让患者认识到慢性病持续治疗的特点与必要性。

(3) 指导患者掌握调节情绪、变换心境的方法：帮助患者保持乐观情绪，努力改变不良心境，减少负面情绪。

(4) 丰富患者生活，鼓励患者自我护理，改善其社会功能：鼓励患者自理，适度接触社会，参与娱乐活动，承担家庭角色，转移患者对疾病的过度关注，使患者在长期的疾病应对过程中，感受到生命的价值、生活的美好，建立康复的信心。

（李艳玲　田云霞）

实训十　疼痛评估与控制

一、目的

减轻患者疼痛，提高患者的生活质量。

二、内容与方法

1. 评估

(1) 评估患者疼痛的程度、表现和变化情况。

(2) 评估患者疼痛控制方法的有效性。

2. 计划

(1) 护士准备：心理准备——调节情绪、态度和蔼。

　　　　　　　形象准备——衣着整齐、仪态端庄。

　　　　　　　内容准备——明确目的、确定内容。

(2) 患者准备：理解、配合、有安全感。

(3) 环境准备：安全、安静、光线适中。

3. 实施

(1) 交流与沟通：与患者沟通和交流，因势利导，调动患者积极的心理因素，帮助患者分析疼痛的反复性，解释与疼痛有关的问题，减轻患者的心理压力。

(2) 松弛和意念干预：节律性呼吸或有规律地使肌肉紧张和松弛，减轻或减少环境刺激，放松全身和提高痛阈。

(3) 转移注意力：用听音乐、下棋等方法转移注意力，减轻疼痛。

(4) 社会支持：鼓励患者参加社会活动，争取亲属、朋友及社会的支持，使患者受到正性的影响，以积极的心理、情感阻断疼痛的恶性循环。

4. 评价

(1) 患者疼痛减轻。
(2) 患者及家属满意。
(3) 用通俗语言解释与疾病相关的专业名词。

三、考核

学生以小组为单位，以案例为载体，进行角色扮演。小组成员共同学习、相互合作，考核结果小组成员得分相同。

疼痛评估与控制实践考核表

班级：　　　　　学号：　　　　　姓名：　　　　　得分：

项目总分	项目		考核内容	分值	扣分	说明
12	评估	护士要求	尊称患者、自我介绍	2		
			确认患者、解释	2		
		评估内容	患者疼痛的部位	2		
			患者疼痛的表现和变化情况	3		
			患者疼痛控制方法的有效性	3		
8	计划（准备）	护士	调节情绪、明确目的、衣着整齐、仪态端庄	4		
		环境	安全、安静、光线适中	1		
		患者	理解、合作、有安全感、躯体舒适	3		
65	实施	内容与方法	与患者沟通和交流，调动其积极的心理因素	6		
			帮助患者分析疼痛的反复性	6		
			解释与疼痛有关的问题	7		
			指导患者节律性呼吸	7		
			指导患者规律地使肌肉紧张和松弛	10		
			减轻或减少环境刺激	5		
			转移注意力	7		
			鼓励患者参加社会活动	5		
			共情	4		
			倾听	4		
		记录	记录患者反应	2		
			记录交谈时间	2		
15	评价	护士素质	着装整洁、仪表大方、举止端庄、面带微笑	2		
			尊重患者、解释耐心、语气柔和恰当、态度和蔼可亲	2		
		实施	方法正确	3		
		护理效果	患者配合，满意	4		
		护患沟通	有效，患者积极配合	4		
100				100		

实训十一 临终关怀

一、目的

满足临终患者的生理心理需要，让患者有尊严、满足地离开人世。

二、内容与方法

1. 评估

(1) 评估临终患者的情绪表现。

(2) 评估临终患者的心理需要和生活质量。

2. 计划

(1) 护士准备：心理准备——调节情绪、态度和蔼。

　　　　　　　形象准备——衣着整齐、仪态端庄。

　　　　　　　内容准备——明确目的、确定内容。

(2) 患者准备：理解、配合、躯体舒适。

(3) 环境准备：安全、安静、光线适中。

3. 实施

(1) 营造温馨的生活氛围。

(2) 有意识、有计划地组织一些娱乐活动。

(3) 帮助临终患者与周围的亲友保持联系，鼓励患者与亲友通过电话、信件、E-mail 联系。

(4) 认真做好生活护理，满足患者的基本生理需要。

(5) 了解患者的心理需求，对临终患者表达理解和关爱。

(6) 营造安详和谐的环境，让患者和家人倾诉衷肠，有助于家属对患者的心理安慰。

(7) 倾听临终患者的诉求。

(8) 满足临终患者文化与信仰方面的需求。

4. 评价

(1) 尊重患者的隐私。

(2) 充分认识患者的个性化需求。

(3) 以不同文化与信仰的患者为中心。

(4) 将地方文化的信仰、仪式、习惯同医院的医疗救治相结合。

(5) 从哲学、医学、法律、伦理和宗教的角度认识临终关怀，包括各年龄段患者对临终与死亡的态度、临终患者的心理状态、对不同年龄段临终患者及家属的辅导技巧以及丧葬礼仪及习俗等。

(6) 对临终患者及其家属提供全面的照护，包括生理、心理等方面，以使临终患者的生命受到尊重，症状得到控制，心理得以安慰，生命质量得到提高，同时也使患者家属的身心健康得到维护。

三、考核

学生以小组为单位，以案例为载体，进行角色扮演。小组成员共同学习、相互合作，考核结果小组成员得分相同。

临终关怀实践考核表

班级：		学号：	姓名：	得分：		
项目总分	项目		考核内容	分值	扣分	说明
12	评估	护士要求	尊称患者、自我介绍	2		
			确认患者、解释	2		
		评估内容	临终患者的意识状况、理解能力和表达能力	2		
			临终患者的情绪表现	2		
			临终患者的心理需要	2		
			临终患者的生活质量	2		
8	计划（准备）	护士	调节情绪、明确目的、衣着整齐、仪态端庄	4		
		环境	安全、安静、光线适中	1		
		患者	理解、合作、有安全感	1		
			躯体舒适、心境平和	2		
65	实施	内容与方法	分析临终患者的心理活动	6		
			营造温馨的生活氛围	6		
			有意识、有计划地组织娱乐活动	6		
			帮助临终患者与周围的亲友保持联系	7		
			认真做好生活护理，满足患者的基本生理需要	7		
			了解患者的心理需求，对临终患者表达理解和关爱	7		
			营造安详和谐的环境，让患者和家人倾诉衷肠	8		
			倾听临终患者的诉求	5		
			满足临终患者文化与信仰方面的需求	5		
			共情	4		
		记录	记录患者反应	2		
			记录交谈时间	2		
15	评价	护士素质	着装整洁、仪表大方、举止端庄	2		
			尊重患者、解释耐心、语气柔和恰当、态度和蔼可亲	2		
		实施	方法正确	3		
		护理效果	患者配合，满意	4		
		护患沟通	有效，患者积极配合	4		
100				100		

（王凤荣）

第十一章　护士职业心理素质及培养

重点与难点解析

一、护士角色、护士职业角色、护士职业心理素质的概念

1. 护士角色是指社会所期望的适用于护士的行为模式。
2. 护士职业角色是指在护理活动中，从事护理工作的个体应具有的职业心理素质和行为模式。
3. 护士职业心理素质是指从事护士职业的群体，共同具备并能够形成相似的角色适应性行为的心理特征总和。

二、护士的职业角色适应及角色适应不良的表现

1. 护士的职业角色适应　首先应该理解社会对护士职业角色的期待；其次应不断树立角色意识；同时具备应有的角色行为；依靠教育手段逐渐地进行角色学习，完成角色的适应。
2. 护士职业角色适应不良的表现　角色混乱、角色冲突、角色减退和角色倦怠。

三、影响护士职业角色化过程的因素

影响护士职业角色化过程的因素有：社会文化因素、职业教育因素、价值观因素、自我调控因素。

四、护士的职业心理素质及培养

1. 护士应具备的职业心理素质　完备的认知能力（敏锐的观察力、良好的注意力、准确的记忆力、独立的思维能力），积极稳定的情绪，高尚的心理品格（忠于职守、富有责任心、富有同情心和爱心），良好的人际关系与沟通能力，适宜的气质和性格类型。
2. 护士职业心理素质的培养　重视专业思想教育；优化职业态度与价值观；强化护士职业行为；认真学习专业知识，加强自我修养。

五、影响护士心理健康的因素及护士心理健康的维护

1. 影响护士心理健康的因素　社会心理支持不足，工作压力较大（工作负荷过重、工作性质特殊、工作环境或生活规律改变），人际关系复杂，护士自身应对能力不足。
2. 护士心理健康的维护　满足护士的职业心理需求；加强护士的社会支持；营造人性化的工作环境，促进护士的心身健康；提高护士的心理调适能力。

习 题

一、名词解释

1. 护士角色
2. 护士职业角色
3. 护士职业心理素质

二、填空题

1. 角色期待的主要功用在于使角色行使者明白其_____，即_____。
2. 角色认知，也称为角色意识，包括：一是_____的认知；二是_____的认知。
3. 护士职业角色的学习，具有_____、_____、_____的特点。
4. 护士角色适应不良的表现有_____、_____、_____、_____。
5. 护士较大的工作压力表现在_____、_____、_____。

三、选择题

A₁型题

1. 护士应力求做到"眼观六路，耳听八方"，对繁杂的工作内容做到心中有数。它体现的是护士职业心理素质的
   A. 敏锐的观察力
   B. 良好的注意力
   C. 良好的人际关系与沟通能力
   D. 准确的记忆力
   E. 独立的思维能力

2. 在护士职业心理素质中，完备的认知能力**不包括**
   A. 敏锐的观察力
   B. 良好的注意力
   C. 良好的人际关系与沟通能力
   D. 准确的记忆力
   E. 独立的思维能力

3. 护士职业角色适应不良的表现**不包括**
   A. 角色冲突
   B. 角色混乱
   C. 角色减退
   D. 角色倦怠
   E. 角色稳定

4. 一个职业道德高尚的护士，无论领导在场与否，始终都表现出认真负责、一丝不苟、遵循护理操作规程这种特性，所表现的是
   A. 角色行为
   B. 角色学习
   C. 角色评价
   D. 角色认知
   E. 角色期待

5. 角色扮演者获得了对角色行为的信息反馈，从而不断地调节自己的角色行为，使之与角色期待一致，这是指
   A. 角色行为
   B. 角色学习
   C. 角色评价
   D. 角色认知
   E. 角色期待

6. 一个护士不能够妥善地处理工作中的各种人际关系及承担的各种社会角色等，使其对职业角色化过程产生了消极的影响。其因素为
   A. 价值观因素
   B. 职业教育因素
   C. 自我调控因素

D. 社会因素

E. 文化因素

7. 社会对护士职业的群体期望值较高，面对社会群体高期望值和人们对护士的低评估，护士对自己的角色感到无所适从，产生角色的不适应。其因素为

A. 价值观因素

B. 职业教育因素

C. 自我调控因素

D. 社会文化因素

E. 法制意识因素

8. "以不变应万变"，体现的是护士职业心理素质的

A. 完备的认知能力

B. 忠于职守，富有责任心

C. 积极稳定的情绪

D. 独立的思维能力

E. 良好的沟通能力

9. 创设良好的护理情景氛围，反复地通过模拟化角色扮演，逐步矫正学生与职业行为不相符的日常习惯，以形成适宜的职业行为。这指的是护士职业心理素质培养的

A. 强化护士职业行为

B. 重视专业思想教育

C. 培养良好的职业道德

D. 认真学习专业知识

E. 优化职业态度和价值观

10. 当护士虽具有强烈的职业责任感，喜爱自己的工作，但在自我体验上感觉护理工作被轻视，认为自己社会地位不高，使其不能从工作中充分感受到自我价值实现的满足感时，应采取以下哪种方法进行心理健康的维护

A. 满足护士的职业心理需求

B. 加强护士的社会支持

C. 促进护士的心身健康

D. 营造人性化的工作环境

E. 提高护士的心理调适能力

11. 某医院急诊科护士，在临床护理工作中，能在持续地接受危重患者生命垂危刺激的情况下，始终保持完备的认知能力，它表现的是护士职业心理素质的

A. 完备的认知能力

B. 忠于职守，富有责任心

C. 富有同情心和爱心

D. 积极稳定的情绪

E. 适宜的气质和性格类型

A₂型题

1. 护士小刘因科室护士较少，故时常值夜班，且参与身心高度紧张的抢救工作，长期如此，导致其生活不规律，产生了身心疲劳，出现身心耗竭综合征。此现象是什么因素引起的

A. 社会心理支持不足

B. 自我调控的影响

C. 工作压力较大

D. 护士自身应对能力不足

E. 人际关系复杂

2. 内科护士小田，在护理一位糖尿病患者时，一边为患者注射胰岛素，一边讲解患者出院后注射胰岛素的方法。此时，护士扮演的角色是

A. 协作者

B. 咨询者

C. 研究者

D. 代言者

E. 教育者

3. 护士小王，由于长期在重症监护病房工作，护理工作应激过强或过于持久，使其产生情感、态度和行为等方面的一系列耗竭状态。为护士角色适应不良的哪种表现

A. 角色冲突

B. 角色混乱

C. 角色减退

D. 角色倦怠

E. 角色强化

4. 小祁，肿瘤外科护士，当她面对因为受肿瘤威胁而发怒的患者时，将患者的发怒看作是一种健康的适应反应，没有以怒制怒；而回到家里当面对家人发怒时，自我约束能力下降，向家人发火。她所表现的是
   A. 角色行为
   B. 角色学习
   C. 角色评价
   D. 角色认知
   E. 角色期待

5. 王护士，从事儿科护理工作近二十年，积累了丰富的儿科护理经验，在工作中能做到急事不慌、纠缠不怒、悲喜有节、激情含而不露。它表现的是护士职业心理素质的
   A. 完备的认知能力
   B. 忠于职守，富有责任心
   C. 富有同情心和爱心
   D. 积极稳定的情绪
   E. 适宜的气质和性格类型

6. 新护士小田，常常找不到自己的位置，不明确承担护士角色该做什么、怎样去做。为护士角色适应不良的哪种表现
   A. 角色冲突
   B. 角色混乱
   C. 角色减退
   D. 角色倦怠
   E. 角色强化

7. 儿科护士余某，因上小学的儿子患病后独自在家无人照料，上班时心神不宁，注意力不集中，导致护理差错事故的发生。为护士角色适应不良的哪种表现
   A. 角色冲突
   B. 角色混乱
   C. 角色减退
   D. 角色倦怠
   E. 角色强化

四、简答题

1. 影响护士心理健康的因素有哪些？
2. 影响护士职业角色化过程的因素有哪些？
3. 简述如何维护士的心理健康。

五、案例分析题

【案例1】护士小黄，在去上班的公交车上人多拥挤，一个小伙子挤了她一下便匆忙要下车，她感觉不对，发现自己的钱包不见了，随即抓住小伙子质问钱包的下落，没想到他挣脱下车跑了。到医院后她整理了一下情绪，投入到忙碌的工作中。半夜，救护车送来一位满脸是血、已处于失血性休克状态的患者，她立即与其他医护人员一起展开救治。在救治中发现该患者正是车上偷自己钱包的人！她什么也没说，继续对患者实施救治。请问：
1. 小黄为什么没下车去追小伙子？
2. 为什么"她什么也没说，继续对患者实施救治"？
3. 护士应如何适应职业角色？

【案例2】患儿，2岁，因从床上坠地后哭闹不止而来就诊。医生诊察后，给予安神镇静药即结束治疗。在旁的一位护士发现医生在询问病史中，其母谈及患儿呕吐过一次，查体时发现患儿左臂功能有些改变。便让其母稍坐片刻，对患儿进行密切观察。一会儿患儿呕吐加剧，左臂明显功能障碍，随即到脑外科做了切除血肿手术，使患儿转危为安。请问：
1. 以上案例体现了护士职业心理素质的哪些方面？

2. 护士应具备的职业心理素质是什么?
3. 在护理实践中,护士的职业心理素质是如何养成的?

参考答案及解析

一、名词解释

1. 护士角色是指社会所期望的适用于护士的行为模式。
2. 护士职业角色是指在护理活动中,从事护理工作的个体应具有的职业心理素质和行为模式。
3. 护士职业心理素质是指从事护士职业的群体,共同具备并能够形成相似的角色适应性行为的心理特征总和。

二、填空题

1. 权利与义务　角色的学习
2. 角色规范　角色评价
3. 综合性　互动性　创新性
4. 角色混乱　角色冲突　角色减退　角色倦怠
5. 工作负荷过重　工作性质特殊　工作环境或生活规律改变

三、选择题

A_1型题

1. B
2. C
3. E
4. A　解析:角色行为是在角色概念、角色期望的基础上,实现自己所扮演的角色的行为,即角色实现。
5. D　解析:角色认知是个体对这个角色的认识、了解程度以及自我认知。角色的扮演虽受到社会期望的影响,但在很大程度上仍依赖于自己对角色的认识、理解和调控。
6. C
7. D
8. E　解析:"以不变应万变"是用既定的原则,应付千变万化的事态。良好的沟通能力是建立和谐人际关系的基础;是保证护理评估、实施、评价、健康教育成功的重要技能;是联结各种复杂人际关系的纽带。护士只有具备了这种能力,才能做到"以不变应万变"。
9. A　解析:榜样的力量是无穷的,模仿是人的天性,而积极的职业角色行为可对护士职业心理素质的培养产生良好的反馈作用。所以,通过创设护理情景、模拟化角色扮演,可逐步强化较适宜的护士职业行为。
10. B　解析:利用社会支持鼓励护士正确面对工作中的问题,以积极乐观的心态去适应职业角色。同时,应充分利用新闻媒体宣传护理工作的重要性、科学性和艺术性,以改善社会对护理工作的理解与认同,提高护士的社会地位,维护护士的心理健康。

11. B　解析：在护士职业心理素质中，忠于职守、高度的责任心是确保护士能在较长时间内持续地接受某一类刺激的条件下，始终保持完备认知能力的根本保证。

A_2型题

1. C

2. E

3. D

4. A　解析：因角色行为是一种特定行为，一般人皆因承担某种角色而感到满足，因而人在角色承担场所表现的言行均受到本身角色的制约和人与人之间相互关系的制约。

5. D

6. B　解析：护士的角色混乱是个体对角色期望不清楚，不知道该做什么、怎样去做，也无法预料与他人交往可能表现的行为。尤其是新护士，常常找不到自己的位置，也不明确自己担当的角色的行为模式。

7. A

四、简答题

1. 影响护士心理健康的因素有：①社会心理支持不足；②工作压力较大（工作负荷过重、工作性质特殊、工作环境或生活规律改变）；③人际关系复杂；④护士自身应对能力不足。

2. 影响护士职业角色化过程的因素有：①社会文化因素；②职业教育因素；③价值观因素；④自我调控因素。

3. 维护护士心理健康的方法有：①满足护士的职业心理需求；②加强护士的社会支持；③营造人性化的工作环境，促进护士的心身健康；④提高护士的心理调适能力。

五、案例分析题

【案例1】

1. 这是小黄本身的护士角色所决定的，护士角色就是护士行为。若去追小偷，就会耽误上班。

2. 护士的职业角色要求从事护理工作的个体应具有职业的心理素质和行为模式。

3. 首先应该理解社会对护士职业角色的期待；其次应不断树立一定的角色意识；同时具备应有的角色行为；依靠教育手段逐渐地进行角色学习，适应护士角色。

【案例2】

1. 此案例体现了护士应具有敏锐的观察能力、准确的记忆力和独立的思维能力及高度的责任感。

2. 护士应具备的职业心理素质有：①完备的认知能力（敏锐的观察力、良好的注意力、准确的记忆力、独立的思维能力）；②高尚的心理品格（忠于职守、富有责任心、富有同情心和爱心）；③良好的人际关系与沟通能力；④积极稳定的情绪；⑤适宜的气质和性格类型。

3. 护士职业心理素质是通过以下几方面养成的：①专业思想教育；②优化职业态度与价值观；③强化护士职业行为；④认真学习专业知识，加强自我修养。

（白秀云）

附　录

附录1　艾森克人格问卷（EPQ）

指导语：本问卷共有88个问题，请根据自己的实际情况做"是"或"否"的回答，请在"是"或"否"的答案上划"√"。这些问题要求你按自己的实际情况回答，不要去猜测怎样才是正确的回答。因为这里不存在正确或错误的回答，也没有捉弄人的问题，将问题的意思看懂了就快点回答，不要花很多时间去想。每个问题都要回答，问卷无时间限制，但不要拖延太长，也不要未看懂题就回答。

1. 你是否有许多不同的业余爱好？　　　　　　　　　　　　　　　是　否
2. 你是否在做任何事情以前都要停下来仔细思考？　　　　　　　　是　否
3. 你的心境是否常有起伏？　　　　　　　　　　　　　　　　　　是　否
4. 你曾有过明知是别人的功劳而你去接受奖励的事吗？　　　　　　是　否
5. 你是否健谈？　　　　　　　　　　　　　　　　　　　　　　　是　否
6. 欠债会使你不安吗？　　　　　　　　　　　　　　　　　　　　是　否
7. 你曾无缘无故觉得"真是难受"吗？　　　　　　　　　　　　　是　否
8. 你曾贪图过分外之物吗？　　　　　　　　　　　　　　　　　　是　否
9. 你是否在晚上小心翼翼地关好门窗？　　　　　　　　　　　　　是　否
10. 你是否比较活跃？　　　　　　　　　　　　　　　　　　　　　是　否
11. 你在见到一个小孩或动物受折磨时是否会感到非常难过？　　　　是　否
12. 你是否常常为自己不该做而做了的事、不该说而说了的话而紧张？是　否
13. 你喜欢跳降落伞吗？　　　　　　　　　　　　　　　　　　　　是　否
14. 通常你能在热闹的联欢会中尽情地玩吗？　　　　　　　　　　　是　否
15. 你容易激动吗？　　　　　　　　　　　　　　　　　　　　　　是　否
16. 你曾经将自己的过错推给别人吗？　　　　　　　　　　　　　　是　否
17. 你喜欢会见陌生人吗？　　　　　　　　　　　　　　　　　　　是　否
18. 你是否相信保险制度是一种好办法？　　　　　　　　　　　　　是　否
19. 你是一个容易伤感情的人吗？　　　　　　　　　　　　　　　　是　否
20. 你所有的习惯都是好的吗？　　　　　　　　　　　　　　　　　是　否
21. 在社交场合你是否总不愿露头角？　　　　　　　　　　　　　　是　否
22. 你会服用奇异或有危险作用的药物吗？　　　　　　　　　　　　是　否
23. 你常有"厌倦"之感吗？　　　　　　　　　　　　　　　　　　是　否
24. 你曾拿过别人的东西吗（哪怕一针一线）？　　　　　　　　　　是　否
25. 你是否常爱外出？　　　　　　　　　　　　　　　　　　　　　是　否
26. 你是否从伤害你所宠爱的人中感到乐趣？　　　　　　　　　　　是　否
27. 你常为有罪恶之感所苦恼吗？　　　　　　　　　　　　　　　　是　否

28.	你在谈论中是否有时不懂装懂?	是	否
29.	你是否宁愿去看书而不愿去多见人?	是	否
30.	你有要伤害你的仇人吗?	是	否
31.	你觉得自己是一个神经过敏的人吗?	是	否
32.	对人有所失礼时你是否经常要表示歉意?	是	否
33.	你有许多朋友吗?	是	否
34.	你是否喜爱讲些有时确能伤害人的笑话?	是	否
35.	你是一个多忧多虑的人吗?	是	否
36.	你在童年是否按照吩咐要做什么便做什么,毫无怨言?	是	否
37.	你认为你是一个乐天派吗?	是	否
38.	你很讲究礼貌和整洁吗?	是	否
39.	你是否总在担心会发生可怕的事情?	是	否
40.	你曾损坏或遗失过别人的东西吗?	是	否
41.	交新朋友时一般是你采取主动吗?	是	否
42.	当别人向你诉苦时,你是否容易理解他们的苦衷?	是	否
43.	你认为自己很紧张,如同"拉紧的弦"一样吗?	是	否
44.	在没有废纸篓时,你是否将废纸扔在地板上?	是	否
45.	当你与别人在一起时,你是否言语很少?	是	否
46.	你是否认为结婚制度过时了,应该废止?	是	否
47.	你是否有时感到自己可怜?	是	否
48.	你是否有时有点自夸?	是	否
49.	你是否很容易将一个沉寂的聚会搞得活跃起来?	是	否
50.	你是否讨厌那种小心翼翼地开车的人?	是	否
51.	你为你的健康担忧吗?	是	否
52.	你曾讲过什么人的坏话吗?	是	否
53.	你是否喜欢对朋友讲笑话和有趣的故事?	是	否
54.	你小时候曾对父母粗暴无礼过吗?	是	否
55.	你是否喜欢与人混在一起?	是	否
56.	如果知道自己工作有错误,这会使你感到难过吗?	是	否
57.	你患失眠吗?	是	否
58.	你吃饭前必定洗手吗?	是	否
59.	你常无缘无故感到无精打采和倦怠吗?	是	否
60.	和别人玩游戏时,你有过欺骗行为吗?	是	否
61.	你是否喜欢从事一些动作迅速的工作?	是	否
62.	你的母亲是一位善良的妇人吗?	是	否
63.	你是否常常觉得人生非常无味?	是	否
64.	你曾利用过某人为自己取得好处吗?	是	否
65.	你是否常常参加许多活动,超过你时间所允许的范围?	是	否
66.	是否有几个人总在躲避你?	是	否
67.	你是否为你的容貌而非常烦恼?	是	否

68. 你是否觉得人们为了未来有保障而办理储蓄和保险所花的时间太多？　　是　否
69. 你曾有过不如死了为好的愿望吗？　　是　否
70. 如果有把握永远不会被别人发现，你会逃税吗？　　是　否
71. 你能使一个聚会顺利进行吗？　　是　否
72. 你能克制自己不对人无礼吗？　　是　否
73. 遇到一次难堪的经历后，你是否在一段很长的时间内还感到难受？　　是　否
74. 你患有"神经过敏"吗？　　是　否
75. 你曾经故意说些什么来伤害别人的感情吗？　　是　否
76. 你与别人的友谊是否容易破裂，虽然不是你的过错？　　是　否
77. 你常感到孤单吗？　　是　否
78. 当人家寻你的差错、找你工作中的缺点时，你是否容易在精神上受挫伤？　　是　否
79. 你赴约会或上班曾迟到过吗？　　是　否
80. 你喜欢忙忙碌碌地过日子吗？　　是　否
81. 你愿意别人怕你吗？　　是　否
82. 你是否觉得有时浑身是劲，而有时又是懒洋洋的？　　是　否
83. 你有时把今天应做的事拖到明天去做吗？　　是　否
84. 别人认为你是生气勃勃吗？　　是　否
85. 别人是否对你说了许多谎话？　　是　否
86. 你是否容易对某些事物发火？　　是　否
87. 当你犯了错误时，你是否常常愿意承认它？　　是　否
88. 你会为一个动物落入圈套被捉拿而感到很难过吗？　　是　否

评分标准：

EPQ总共有四个分量表（E量表指内外向，N量表指情绪稳定性，P量表指精神质，L量表指掩饰、虚假）。每道题的计分方法如下：前面没有负号的项目表示回答"是"时计1分，回答"否"时计0分；前面有负号的项目表示回答"否"时计1分，回答"是"时计0分。

E量表（共21个项目）：1，5，10，13，14，17，-21，25，29，33，37，41，-45，49，53，55，61，65，71，80，84。

N量表（共24个项目）：3，7，12，15，19，23，27，31，35，39，43，47，51，57，59，63，67，69，73，74，77，78，82，86。

P量表（共23个项目）：-2，-6，-9，-11，-18，22，26，30，34，-38，-42，46，50，-56，-62，66，68，-72，75，76，81，85，-88。

L量表（共20个项目）：-4，-8，-16，20，-24，-28，32，36，-40，-44，-48，-52，-54，58，-60，-64，-70，-79，-83，87。

附录2　抑郁自评量表（SDS）

指导语：请仔细阅读每一条，将题目的意思看明白，然后按照自己最近1周以来的实际情况，对下面的20个条目按1~4级评分：A代表没有或很少时间；B代表少部分时间；C代表相当多时间；D代表绝大部分时间或全部时间。请在适当的项目上划"√"。

项目	选择
1. 我感到情绪沮丧、郁闷。	A B C D
2. 我感到早晨心情最好。	A B C D
3. 我要哭或想哭。	A B C D
4. 我夜间睡眠不好。	A B C D
5. 我吃饭像平时一样多。	A B C D
6. 我的性功能正常。	A B C D
7. 我感到体重减轻。	A B C D
8. 我为便秘烦恼。	A B C D
9. 我的心跳比平时快。	A B C D
10. 我无故感到疲劳。	A B C D
11. 我的头脑像往常一样清楚。	A B C D
12. 我做事情像平时一样不感到困难。	A B C D
13. 我坐卧不安，难以保持平静。	A B C D
14. 我对未来感到有希望。	A B C D
15. 我比平时更容易激怒。	A B C D
16. 我觉得决定什么事很容易。	A B C D
17. 我感到自己是有用的和不可缺少的人。	A B C D
18. 我的生活很有意义。	A B C D
19. 假若我死了别人会过得更好。	A B C D
20. 我仍旧喜爱自己平时喜爱的东西。	A B C D

计分方式：

1. A、B、C、D 依次计 1、2、3、4 分。

2. 第 2、5、6、11、12、14、16、17、18、20 题反向计分，即 A、B、C、D 依次计 4、3、2、1 分。

统计结果：

把 20 道题的得分相加得总粗分，总粗分乘以 1.25 后所得整数部分即标准分。抑郁评定的临界值为 T＝50 分，分值越高，抑郁倾向越明显。一般认为：标准分小于 50 分为无抑郁；50～59 分为轻度抑郁；60～69 分为中度抑郁；70 分及以上为重度抑郁。但要注意，量表总分值仅作为参考而非绝对标准，应根据临床（要害）症状来划分，对严重阻滞症状的抑郁患者，评定有困难。

附录 3　焦虑自评量表（SAS）

指导语：下面有 20 条项目，请仔细阅读每一条，把意思弄明白，然后根据您最近 1 周的实际感觉，选择等级：A 代表没有或很少时间；B 代表少部分时间；C 代表相当多时间；D 代表绝大部分时间或全部时间。请在适当的项目上划"√"。

项目	选择
1. 我觉得比平常容易紧张或着急。	A B C D
2. 我无缘无故地感到害怕。	A B C D

3. 我容易心里烦乱或感到惊慌。　　　　　　　　　　A　B　C　D
4. 我觉得我可能将要发疯。　　　　　　　　　　　　A　B　C　D
5. 我觉得一切都好，也不会发生什么不幸。　　　　　A　B　C　D
6. 我手脚发抖发颤。　　　　　　　　　　　　　　　A　B　C　D
7. 我因为头痛、颈痛和背痛而苦恼。　　　　　　　　A　B　C　D
8. 我感觉容易衰弱和疲乏。　　　　　　　　　　　　A　B　C　D
9. 我觉得心平气和，并且容易安静坐着。　　　　　　A　B　C　D
10. 我觉得心跳得很快。　　　　　　　　　　　　　 A　B　C　D
11. 我因为一阵阵头晕而苦恼。　　　　　　　　　　 A　B　C　D
12. 我有晕倒发作，或觉得要晕倒似的。　　　　　　 A　B　C　D
13. 我吸气、呼气都感到很容易。　　　　　　　　　 A　B　C　D
14. 我的手脚麻木和刺痛。　　　　　　　　　　　　 A　B　C　D
15. 我因为胃痛和消化不良而苦恼。　　　　　　　　 A　B　C　D
16. 我常常要小便。　　　　　　　　　　　　　　　 A　B　C　D
17. 我的手脚常常是干燥温暖的。　　　　　　　　　 A　B　C　D
18. 我脸红发热。　　　　　　　　　　　　　　　　 A　B　C　D
19. 我容易入睡而且一夜睡得很好。　　　　　　　　 A　B　C　D
20. 我做噩梦。　　　　　　　　　　　　　　　　　 A　B　C　D

计分方式：

1. A、B、C、D 依次计 1、2、3、4 分。
2. 5、9、13、17、19 题反向计分，即 A、B、C、D 依次计 4、3、2、1 分。

统计结果：

把 20 题的得分相加得总粗分，总粗分乘以 1.25 后所得整数部分即标准分。焦虑评定的临界值为 T=50 分，分值越高，焦虑倾向越明显。中国常模：标准分小于 50 分为无焦虑；50~59 分为轻度焦虑；60~69 分为中度焦虑；70 分及以上为重度焦虑。

附录4　A型行为类型评定量表

指导语：请根据您过去的情况回答下列问题。凡是符合您的情况的请选择"是"；凡是不符合您的情况的请选择"否"。每个问题必须回答，答案无所谓对与不对、好与不好。请尽快回答，不要在每道题目上思索太多。回答时不要考虑"应该怎样"，只回答您平时"是怎样的"就行了。

项目	是	否
1. 我觉得自己是一个无忧无虑、悠闲自在的人。	○	○
2. 即使没有什么要紧的事，我走路也快。	○	○
3. 我经常感到应该做的事太多，有压力。	○	○
4. 我自己决定的事，别人很难让我改变主意。	○	○
5. 有些人和事常常使我十分恼火。	○	○
6. 我急需买东西但又要排长队时，我宁愿不买。	○	○
7. 有些工作我根本安排不过来，只能临时挤时间去做。	○	○

8. 上班或赴约会时，我从来不迟到。　　　　　　　　　　　　　○　　○
9. 当我正在做事时，谁要是打扰我，不管有意无意，我总是感到恼火。　　○　　○
10. 我总看不惯那些慢条斯理、不紧不慢的人。　　　　　　　　　○　　○
11. 我常常忙得透不过气来，因为该做的事情太多了。　　　　　　○　　○
12. 即使跟别人合作，我也总想单独完成一些更重要的部分。　　　○　　○
13. 有时我真想骂人。　　　　　　　　　　　　　　　　　　　　○　　○
14. 我做事总是喜欢慢慢来，而且思前想后，拿不定主意。　　　　○　　○
15. 排队买东西，要是有人加塞，我就忍不住要指责他或出来干涉。　○　　○
16. 我总是力图说服别人同意我的观点。　　　　　　　　　　　　○　　○
17. 有时连我自己都觉得，我所操心的事远远超过我应该操心的范围。○　　○
18. 无论做什么事，即使比别人差，我也无所谓。　　　　　　　　○　　○
19. 做什么事我都不着急，着急也没有用，不着急也误不了事。　　○　　○
20. 我从来没想过要按自己的想法办事。　　　　　　　　　　　　○　　○
21. 每天的事情都使我精神十分紧张。　　　　　　　　　　　　　○　　○
22. 就是去玩，如逛公园等，我也总是先看完，等着同来的人。　　○　　○
23. 我常常不能宽容别人的缺点和毛病。　　　　　　　　　　　　○　　○
24. 在我认识的人里，个个我都喜欢。　　　　　　　　　　　　　○　　○
25. 听到别人发表不正确的见解，我总想立即就去纠正他。　　　　○　　○
26. 无论做什么事，我都比别人快一些。　　　　　　　　　　　　○　　○
27. 人们认为我是一个干脆、利落、高效率的人。　　　　　　　　○　　○
28. 我总觉得我有能力把一切事情办好。　　　　　　　　　　　　○　　○
29. 聊天时，我也总是急于说出自己的想法，甚至打断别人的话。　○　　○
30. 人们认为我是个安静、沉着、有耐性的人。　　　　　　　　　○　　○
31. 我觉得在我认识的人之中值得我信任和佩服的人实在不多。　　○　　○
32. 对未来我有许多想法和打算，并总想都能尽快实现。　　　　　○　　○
33. 有时我也会说人家的闲话。　　　　　　　　　　　　　　　　○　　○
34. 尽管时间很宽裕，我吃饭也快。　　　　　　　　　　　　　　○　　○
35. 听人讲话或报告如讲得不好，我就非常着急，总想还不如我来讲哩！○　　○
36. 即使有人欺侮了我，我也不在乎。　　　　　　　　　　　　　○　　○
37. 我有时会把今天该做的事拖到明天去做。　　　　　　　　　　○　　○
38. 当别人对我无礼时，我对他也不客气。　　　　　　　　　　　○　　○
39. 有人对我或我的工作吹毛求疵时，很容易挫伤我的积极性。　　○　　○
40. 我常常感到时间已经晚了，可一看表还早呢。　　　　　　　　○　　○
41. 我觉得我是一个对人对事都非常敏感的人。　　　　　　　　　○　　○
42. 我做事总是匆匆忙忙的，力图用最少的时间办尽量多的事情。　○　　○
43. 如果犯有错误，不管大小，我全都主动承认。　　　　　　　　○　　○
44. 坐公共汽车时，尽管车开得快我也常常感到车开得太慢。　　　○　　○
45. 无论做什么事，即使看着别人做不好，我也不想拿来替他做。　○　　○
46. 我常常为工作没做完一天又过去了而感到忧虑。　　　　　　　○　　○
47. 很多事情如果由我来负责，情况要比现在好得多。　　　　　　○　　○

48. 有时我会想到一些说不出口的坏念头。　　　　　　　　　　　　　○　○
49. 即使领导我的人能力差、水平低、不怎么样，我也能服从和合作。　○　○
50. 必须等待什么的时候，我总是心急如焚，缺乏耐心。　　　　　　　○　○
51. 我常常感到自己能力不够，所以在做事不顺利时就想放弃不干了。　○　○
52. 我每天都看电视，同时也看电影，不然心里就不舒服。　　　　　　○　○
53. 别人托我办的事，只要答应了，我从不拖延。　　　　　　　　　　○　○
54. 人们都说我有耐性，干什么事都不着急。　　　　　　　　　　　　○　○
55. 外出乘车、船或跟人约定时间办事时，我很少迟到，如对方耽误我就恼火。○　○
56. 偶尔我也会说一两句假话。　　　　　　　　　　　　　　　　　　○　○
57. 许多事本来可以大家分担，可我喜欢一个人去干。　　　　　　　　○　○
58. 我觉得别人对我的话理解太慢，甚至理解不了我的意思似的。　　　○　○
59. 我是一个性子暴躁的人。　　　　　　　　　　　　　　　　　　　○　○
60. 我常常容易看到别人的短处而忽视别人的长处。　　　　　　　　　○　○

计分方式：

L 量表：回答项目 8，20，24，43，56 为"是"的计 1 分，答"否"不计分；回答项目 13，33，37，48，52 为"否"的计 1 分，答"是"不计分。

TH 量表：回答项目 2，3，6，7，10，11，19，21，22，26，29，34，38，40，42，44，46，50，53，55，58 为"是"的计 1 分，答"否"不计分；回答项目 14，16，30，54 为"否"的计 1 分，答"是"不计分。

CH 量表：回答项目 1，5，9，12，15，17，23，25，27，28，31，32，35，39，41，47，57，59，60 为"是"的计 1 分，答"否"不计分；回答项目 4，18，36，45，49，51 为"否"的计 1 分，答"是"不计分。

统计结果：

L 分：将该 10 题分数累加。此量表为测谎题，大于 7 分该份问卷不予分析。

TH 分：将该 25 题分数累加。

CH 分：将该 25 题分数累加。

以行况总分：将 CH 分与 TH 分相加。

行为总分 36～50 分：典型 A 型行为类型；

行为总分 28～35 分：中间偏 A 型行为类型；

行为总分 27 分：极端中间型；

行为总分 19～26 分：中间偏 B 型行为类型；

行为总分≤18 分：B 型行为类型。

附录 5　生活事件量表（LES）

指导语：下面是每个人都有可能遇到的一些日常生活事件，究竟是好事还是坏事，可根据个人情况自行判断。这些事件可能对个人有精神上的影响（体验为紧张、压力、兴奋或苦恼等），影响的轻重程度是各不相同的，影响持续的时间也不一样。请你根据自己的情况，实事求是地回答下列问题，填表不记姓名，完全保密，请在最适合的答案上打钩。

生活事件名称	事件发生时间				性质		精神影响程度					影响持续时间				备注
	未发生	1年前	1年内	长期性	好事	坏事	无影响	轻度	中度	重度	极重	3个月内	半年内	1年内	1年以上	
举例：房屋拆迁			√			√							√			
家庭有关问题																
1. 恋爱或订婚																
2. 恋爱失败、感情破裂																
3. 结婚																
4. 自己（爱人）怀孕																
5. 自己（爱人）流产																
6. 家庭增添新成员																
7. 与爱人父母不和																
8. 夫妻感情不好																
9. 夫妻分居（因不和）																
10. 性生活不满意或独身																
11. 夫妻两地分居（工作需要）																
12. 配偶一方有外遇																
13. 夫妻重归于好																
14. 超指标生育																
15. 本人（爱人）做绝育手术																
16. 配偶死亡																
17. 离婚																
18. 子女升学（就业）失败																
19. 子女管教困难																
20. 子女长期离家																
21. 父母不和																
22. 家庭经济困难																
23. 欠债500元以上																
24. 经济情况显著改善																
25. 家庭成员重病或重伤																
26. 家庭成员死亡																
27. 本人重病或重伤																
28. 住房紧张																

续表

生活事件名称	事件发生时间				性质		精神影响程度					影响持续时间				备注
	未发生	1年前	1年内	长期性	好事	坏事	无影响	轻度	中度	重度	极重	3个月内	半年内	1年内	1年以上	
工作学习中的问题																
29. 待业、无业																
30. 开始就业																
31. 高考失败																
32. 扣发奖金或罚款																
33. 突出的个人成就																
34. 晋升、提级																
35. 对现在的工作不满意																
36. 工作学习中压力大（如成绩不好）																
37. 与上级关系紧张																
38. 与同事、邻居不和																
39. 第一次远走他乡																
40. 生活规律重大变动（饮食、睡眠规律改变）																
41. 本人退休离休或未安排具体工作																
社交与其他问题																
42. 好友重病或重伤																
43. 好友死亡																
44. 被人误会、错怪、诬告、议论																
45. 介入民事法律纠纷																
46. 被拘留、受审																
47. 失窃、财产损失																
48. 意外惊吓、发生事故、自然灾害																
如果你还经历过其他的生活事件，请依次填写																
49																
50																

续表

生活事件名称	事件发生时间			性质		精神影响程度					影响持续时间				备注
	未发生	1年前	1年内	长期性	好事	坏事	无影响	轻度	中度	重度	极重	3个月内	半年内	1年内	1年以上	
正性事件值： 负性事件值： 总值：																
家庭有关问题： 工作学习中的问题： 社交及其他问题：																

使用方法和计分方法：

填写者须仔细阅读和领会指导语，然后将某一时间范围内（通常为1年内）的事件记录下来。有的事件虽然发生在该时间范围之前，如果影响深远并延续至今，可作为长期性事件记录。对于表上已列出但未经历的事件应一一注明"未经历"，不留空白，以防遗漏。然后，由填写者根据自身的实际感受而不是按常理或伦理道德观念去判断那些经历过的事件对本人来说是好事还是坏事、影响程度如何、影响的持续时间有多久。

一次性的事件如流产、失窃要记录发生次数。长期性事件，如住房拥挤、夫妻分居等不到半年记为1次，超过半年记为2次。影响程度分为5级，从毫无影响到影响极重分别计0、1、2、3、4分；影响持续时间分3个月内、半年内、1年内、1年以上共4个等级，分别计1、2、3、4分。

生活事件刺激量的计算方法：

1. 某事件刺激量＝该事件影响程度分×该事件影响持续时间分×该事件发生次数。
2. 正性事件刺激量＝全部好事刺激量之和。
3. 负性事件刺激量＝全部坏事刺激量之和。
4. 生活事件总刺激量＝正性事件刺激量＋负性事件刺激量。

另外，还可以根据研究或诊断治疗需要，按家庭问题、工作学习问题和社交等问题进行分类统计。

LES结果解释：LES总分越高反映个体承受的精神压力越大。95%的正常人1年内的LES总分不超过10分，99%不超过32分。负性事件的分值越高对心身健康的影响越大，正性事件分值的意义尚待进一步的研究。

适用范围：LES适用于16岁以上的正常人，神经症、心身疾病、各种躯体疾病患者以及自知力恢复的重性精神病患者。